天啊！我撞到了神

不加冰 著

目錄

推薦序一　冥冥中有一股力量，讓許多因果得失變成理所當然

撞見神，果真是忐忑的期待

傳播人向來鐵齒，有圖才有真相、眼見才為真。

世光兄在傳播領域甚為資深，竟然為我們親近神祇，探究我們最無知的空間。

我深深好奇與期待。

世光兄流暢的文筆，描述他親身經歷，引我們看見他撞見神的鍥而不捨，時而發人深省、時而莞爾逗笑。

我一口氣讀完他的大作，心有戚戚焉。

讓我驚嘆的是：沒想到，神的思維竟然如此細膩與貼心。

我一直相信：冥冥中有一股力量，引導我們喜怒哀樂的高潮起伏，讓許多禍福機遇水到渠成，也讓許多因果得失變成理所當然。

世光兄上山下海、親訪大陸古剎，親身嘗試神蹟，描述了很多人的心情矜持與放不開，也點破了許多人面對宗教神蹟的懵懂無知。

身為電視人，很多的習俗都是只知其一不知深究。我們往往會隨俗的在錄影開工前焚香禱祝，也都會在農曆七月祭拜好兄弟祈求順利，但這本書點醒了我們聞所未聞的眉角。

世光兄雖然在文末，謙稱他沒撞見神，但是，整本書的字裡行間隱現趣味、智慧與神蹟，期待世光兄一定要繼續帶我們追尋，我們也好想繼續遇見——神，畢竟世間神的代言人們讓我們迷惑已久！

善意 識於南港中視

趙善意

中國電視公司總經理

推薦序二 尊重大地，敬畏神明

全世界有華人的地區，宮、廟，密度最高的就是台灣。神明數量之多，名稱之瑣，應也屬第一。

天有天神，地有地神，海有海神，樹有樹神……，甚至歷史人物，也能為神。如蔣公廟、包公廟……，而俠義之士也列名其中，如廖添丁、王得祿……。甚至動物也可以，如十八王公……。

究其原因，是來自於台灣人的純樸、善良、樂天知命。不論是泥塑、木雕、石雕，皆可成為膜拜的對象。

又，台灣人自古以來，始終認為「吃苦就是吃補」，所以吃苦為當然，如遇豐收或功成名就，除了自身努力之外，會把至少一半的功勞歸於神明。因為拜神，所以有了庇佑，有了加持，有了力量……。而「舉頭三尺有神明」，更被奉為圭臬。

然而不管時代如何變遷，這些信仰是不會被改變的。從每年大型的宗教活動，參與人數之多，就足以證明。而這麼多廟宇之中，絕大部分的沿革與歷史，都由宮廟自身所纂著，鮮少有人能做深入的研究及探討。

此次不加冰（世光）能將多年對宮廟的研究、瞭解，做精確的解析，實為難得。本書的問世，可以讓我們在尊重大地，敬畏神明的基礎上，得到更多的體悟，是一本值得細細品味及收藏的難得書籍。

澎恰恰

知名藝人

推薦序三　所謂的神、魔其實就是您本身如何去下定義

因為節目的關係，認識了世光兄也已經將近十年了。但不管這些年他又做了什麼工作？轉換了什麼跑道？他總是會告知我，讓我知道。而我呢……也一直非常支持他。因為他在我心裡是一個非常單純的「男孩」，我想現在的社會要找這樣的人實在是少之又少。就像他這本大作一樣，在我看來所謂的神、魔其實就是您本身如何去下定義如此而已。可是到了世光兄的筆下，反而變得有點錯綜複雜，讓你不由得多了更多的想像空間。非常佩服他對事情的追根究底，以及執著認真的一面。在此希望並且祝福世光兄，能繼續維持自己獨特的風格與豐富的筆觸內容，再次創造更多的佳作成品！

康康
知名藝人

推薦序四 從不同的角度去探索宗教

台灣，廟宇的密度非常高（世界第一）。對於宗教傳統的保留與傳承也非常細膩。在台灣長大的小孩，或多或少對於佛、道教也有不同程度的接觸與了解。

世光這個朋友，在我30年的演藝生涯中，因一次的合作而互相認識了彼此；也因為我與三太子的緣分，而使我們有了許多共同話題。之後他離開了電視圈，投身於宗教多年，將自己對宗教的見解集結成書。

希望能帶給各位讀者不同的感受與領悟，並能從一個不同的角度去探索宗教。可以相信，不要迷信，心誠則靈，讓我們一同去體會吧！

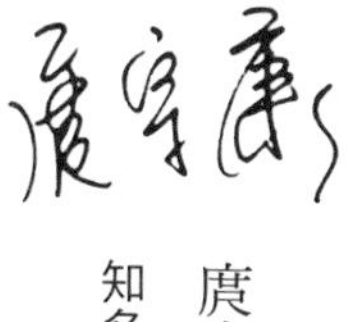

庹宗康
知名藝人

推薦序五 我知道，宇宙間應該不只有人

每個人來到這個世界上，都有不同的課題要面對。有些人面對了感情糾紛困擾不已，有些人因為家庭的折磨不知所措，有些人遭遇了病痛的折磨堅強抵抗，有些人面臨事業的挑戰努力不懈。有時候我們常常會懷疑為什麼自己的命運總是沒有別人順利？為什麼自己的人生要承受這麼多的不公平？到底還有多少挑戰是我們必須面對的？到底還有多久才能擺脫煩惱快樂的渡過人生？

「責任越大，挑戰越多」這是我常常給自己鼓勵的話。雖然聽起來有點像喊口號，但是我堅信著這句話！老天爺讓我來這世界上一定有它的道理，我必須完成挑戰，面對課題，通過考驗才能回去。我的人生起起落落，曲折離奇。但我發現常常在我迷惘不知所措的時候，老天爺會透過不同的方式給我一些暗示和方向，只要我用心體會就會找到活路。

不加冰（李世光）是我在霹靂布袋戲工作很早期的同事，當時他是編劇，我負責音樂創作，我們蠻聊得來並一起合作了許多首經典的布袋戲歌曲創作。在我的印象當中，他就是個單純愛文學愛寫作的年輕人，對台語文化有獨特的研究並且有自己的見解。我們曾經一同共事並一起經過了不少的打拼歲月，但是合作了幾年之後他就離奇的失去聯絡了。再次見到他，很驚訝的他已經有了不同的人生課題。聽著他娓娓道來這些年發生在他身上的奇特經歷，我相信老天爺是有為他準備的。很期待看到在他的人生當中，他如何利用這麼特殊的工具幫助他自己和所有他身邊接觸的人，通往老天爺所要給我們的指引方向。

有沒有神？我不知道！但是我知道，宇宙間應該不只有人。

荒山亮

著名音樂創作人

前言 真的有神 神有的真[1]

如果二〇〇八年七月前，你問我是否有神的存在，我會回答說沒有。但現在你如果問我相同的問題，我會答說有神的存在，兩個不一樣的答案，是體驗過後的結果。

以前我討厭宗教，覺得他們是一個具有催眠性的組織，常是滿嘴仁義，私下卻是偷雞摸狗。我不否認有好的宗教組織，只是我看到聽到的都是變質的居多。幸好多年前，有幸參與九龍太子哪吒解惑行宮的網站規劃，讓我體悟到真的有神的存在。

我從不相信，到選擇相信，到相信，到現在的確信，以及往後要落實的堅信，但我信的是道統而不是宗教。

或許很多人都會問：那我怎麼感覺不到神？那為什麼神不懲罰壞人？這些問題，我以前也常拿來問別人，而現在我對這一些問題，有著小小的答案。

為什麼你感覺不到神呢？因為你沒靜下心調整自己，沒給自己一個機會去自我調整與神明接觸的波長。就如同兩種頻率不同的對講機，你試再久也聽不到對方的聲音，因為你們的頻率不對。同理你與神的頻率不對，你當然感受不到祂的們的存在。

為什麼神不懲罰壞人？這問題最常為人所憤世嫉俗，覺得世上沒有道理！只是我們看得懂前因後果嗎？有人會問那來的因果報應，我看不到，但其實答案已經在你心中了。因果就如同你打向牆壁的球，只是在於你等待的時間，夠

1 「神有的真」解釋有二，一是指神的純真；二是指神有真假，要去判斷，因為有神在當然也會有魔的存在。

不夠長到可以看到彈回來的球。

九華殿尊重每個人的選擇，乍看祂們好像是高壓式的管理，但其實別有用心。就像父母在教小孩，會用嚴格的方式，而等到你成熟了，該獨立了，就會讓你自由發揮。我們每個人都有拜師，目的不就是為了調整自己，讓自己更好嗎？所以祂們才會用嚴苛的方式教導我們。

有神嗎？有！
有魔嗎？有！
神只要有私心就是魔！

感謝一路上幫助我的所有人！

九華殿的同修，有了你們，我才有這些寶貴的學習經驗。
漢威、爪子，有了你們，我才知道要有那些條件與內容，才能出書。

雲科空設的同學們，有了你們，我才能在困苦的時候撐得過來。

謝謝中視趙總經理善意先生、澎哥、康哥、小康哥、荒山亮，你們願意幫我的書寫序與推薦。

謝謝松山慈慧堂郭堂主葉子、花蓮吉安慶修院執行長陳義正、可樂達人陳生發、名製作人李佳福、名攝影師林清濬、名藝人馬力歐、板橋信德醫美院長吳昱昌，願意推薦這本書給大家。

謝謝小米，一直默默在背後支持我。

謝謝太子爺、濟公師父、閻王師父們，以及所有的神明與老頑童。

謝謝我的媽媽與家人，願意讓我在台北任性的發展，我才有這一段機緣。

最後感謝大喜文化，給了我這個出書的機會。

謝謝大家！沒有你們，就沒有這本書！

第一章 神明絕緣體

我與太子爺第一次接觸的時間，大概是在二〇〇八年的八月。這個緣份結得有點匪夷所思，因為我是一個不相信神存在的人。沒錯！就是江湖人稱的「鐵齒」，而且還是牛肉不離口的鐵齒。

我從小跟廟的接觸可以說很深，我出生在南部鄉下，不管是外公還是爺爺住的村莊，村裏都會有廟，而且每個地方還不是只有一間而已，當時還納悶祂們為什麼有那麼多別墅？在爺爺這邊，父執輩的村民常接觸廟裏的活動，我爸除了當宋江陣的鼓手外，跟一些叔叔還都是「轎仔腳」。遇到有人要問事，他們晚上就會上工。每次看到他們在上工抬轎子，心裏總有些興奮感，不知道他們那來的力道，可以把轎子扛得虎虎生風。而且還有人可以與沒聲音的轎子溝通，一來一往，有問有答，這真是厲害，或許他們也可以和植物人溝通喔？

當時有很多人都來廟裏求家人的健康，但廟裏神明怎麼醫呢？我最常聽到的是抬著神轎出門去採藥草，而且還有看時間喔。比如要在幾月幾號的幾點，往那個方向出發，會在什麼地點看到什麼，在那邊就可以找到所需要的藥草了。聽起來夠神奇吧，難道神明有用 google 地圖在搜尋，否則怎麼會那麼準呢？至於採回來的要草有沒有效，我也不知道，但類似的採藥草踏青活動，卻時常舉辦！

六合彩大家都很熟悉，常聽到有人到處求明牌，想要趁機發大財。我們村裏有沒有人求明牌呢？當然有，而且還想請神出明牌。話說有一天，我們四個堂兄弟，被大人們找來，說要我們去抬轎子，看看我們行不行？那時大家都很興奮，想說可以體驗一下那威風神奇的感覺了，或許可以趁此機會看到神。

結果，當天我們不是到廟裏抬轎子，而是到自家工廠的神像前。那一天是星期天，所以工廠沒人上班，只有我們幾個人。要做什麼呢？大人們只要我們安靜的抬轎子就好。結果我們等了很久，轎子連晃都不晃一下，跟大人們在廟裏抬轎子猛衝甩尾的感覺，完全不一樣。等待的過程中間，還有大人先來接手，看能不能有所「神蹟」產生，但還是一樣，一動也不動。四個人八條腿，可是瘦得要命，最後大人們只好放棄。本想說我們四個「童子雞」，搞不好會很神很準，結果讓人大失所望。

不曰：

在六合彩盛行的時期，常聽到很多廟在開明牌，但開牌者真的是神嗎？我所認識的神佛是不會做這件事，就如同佛經所說的因果，如果你與神佛的「因」，是種在「明牌」的交換，那往後只會開出交換的「果」。當沒有「明牌」的產生，你就失去與神佛的因緣點。那以後就算祂們想在你危難時想幫你，祂們也找不出介入點，緣不出，法不生。

雖然我的長輩在廟裏服務，也幫了很多人，但不代表可以藉此「神力」來完成自己的私利，感覺好像綁架神明為自己所用。所以問明牌當天的神轎當然一動也不動，沒請到「阿飄」來上轎，已經算是我們幸運了！

不知道為什麼，當時所有的廟宇活動，不管是大小拜拜、遶境、宋江陣、採草藥，我都只是因為好玩而玩，沒有所謂的信仰。我可以陪阿姨一起聽瘋和尚下地獄的錄音帶一整個下午，且聽得津津有味，卻不願意跟鄰居小孩去田裏偷採蕃薯。我搞不懂的是，我不相信祂們，卻對祂們很有興趣，我嚴重懷疑我是不是有戀神癖？還是精神有問題？難不成我有當和尚的千年根基嗎？

與神共舞那麼多活動，但最後我卻變成神明絕緣體，無神可信。任何東方西方、男的女的、老的小的、白的黃的、過鹹水沒過鹹水的，對我來說只是神「名」，要我相信「神明」，那是不可能的，不然你把祂叫出來我看看！

我從小就很瘦，個子不高，給人長不大的感覺。所以當時常被奶奶帶出場問事，那邊人多那邊去。記得有一次去一個壇，應該是私人壇吧，放神像的地方是在頂樓。那個號稱神人的人，就用大香燒黑的部份，在黃紙上畫符，說回去化在開水中喝掉就沒事了。當奶奶道謝時，我卻說萬一喝完肚子痛怎麼辦，結果被神人白眼，當然免不了被奶奶罵了一頓。

那我有喝嗎？我還真的喝了！除了是奶奶的強迫外，其實我想喝完後，看看會不會有什麼東西來找我。所以我一喝完就躺在床上，閉上眼睛靜靜等待。就在我昏昏迷迷快睡著的時候，我聽到了聲音，我好開心興奮了起來。再仔細聽，聲音還是國樂，我可高興了。想說這下子可以看到神明了，搞不好還有機會吃顆蟠桃，或是騎騎仙鶴下盤棋。就在我幻想自樂的時候，怎麼感覺音樂重覆，沒幾分鐘就回到相同的曲調上，難不成上面的音樂都寫得太短嗎？國歌都還比它長！就在我納悶的時候，傳來一個再熟悉不過的字！

「幹！」

這時候我驚醒了起來，我向窗外聲音來源處一看，我心裏也響出了一個字來！

「幹！」

原來是隔壁的老人會在練習樂器，不是仙樂飄飄，我到了天堂。我的南柯一夢就這樣醒了，蟠桃、仙鶴都不見了！我的夢結束了，但我喝符水的日子並沒有結束，反而變本加厲，喝得是另一家神人指示的藥草，我只能說那真的是神喝的，不是人喝的，苦的要命，我只能且戰且走，喝一口吐一口，不然我想我活不到現在！不知道是不是經過這麼多神事聖蹟的加持，我到現在怎麼吃都不會胖太多，讓女性同胞想拿刀砍了我！

我也跟著我那位一起聽瘋和尚的阿姨去求三寶，不是人蔘貂皮烏拉草，也不是勞保健保吃到飽，而是宗教儀式的三寶。只是求完還是一樣沒感覺，只對巷口的三寶越來越有感覺，因為烤鴨真的太香了！阿姨倒是很高興渡化了一位迷途羔羊。我是到處在對神明嗆聲，希望祂們能讓我看看！但可能我還嗆得還不夠多尊神明吧，始終看不到祂們來找我，就算派個神獸來嚇嚇我也好吧！

奇了吧！可以說是半個廟裏長大的人，沒想到骨子裏卻打著反神明的大旗，當時應該很多「道中人士」，認為我是被另一方派來搞破壞的，這豈不是在上演無間道嗎？我可不是劉德華，也不是梁朝偉，更沒有領演出費！神啊，祢到底在那裏？

不曰：

我想我當時內心很矛盾，心裏一直嚮往著那個世界的存在，但實際上卻一直找證據來戳破神話的不切實際，最後找不到，只能當成是個烏托邦。

或許當時我選了與別人不一樣的思考，來證明祂們的存在，這當然會被視為大逆不道。

第二章 撞到了神

小孩總是要長大，沒想到處處與神作對的我，竟然也平安的活到現在，真不知是否可以被稱為神蹟。

以前公司的老板，在她的朋友介紹下，認識了一位俗稱武林高手的人，就暫且叫他「老頑童」吧。因為他比我老，然後有像小孩般的純真童心。在近一個月中，常聽到老板與她的朋友談起老頑童，說他有多厲害，簡直有一千零八十般武藝。那談論的神情，就像追星族，言語間充滿了崇拜與興奮，可說是nature high。最後她們竟然還想要做一個叫九華殿的網站，我心想她們是不是瘋了啊？每兩三天就聽到她們在討論「神蹟」，還愈談愈高興，而我是邊看邊搖頭。但大家也知道，上班，公司要做什麼事就得去做，縱使我很不願意去淌這渾水。只是我沒想到，這一淌，淌出問題來了，淌出一個讓人會為之崩潰的大麻煩，因為，我撞到神了！

遇到神應該是一件開心的事，怎麼會是個大麻煩呢？我只能說自己沒那個屁股，卻又去吃那個瀉藥！

以前總以為自己是所謂的好人，但自己真的是好人嗎？

老頑童說：「你的善，你的好，會不會是偽善？真為別人做嗎？還是都為自己做？」

這樣的虛偽，說穿了，其實自己就是個人渣。得知這個消息，對自己是個大打擊，如同走路撞上玻璃門，玻璃沒破，卻流了鼻血，眼冒金星。就算我是虛偽好了，我也沒殺人放火，更沒有作奸犯科，難道這樣還不算是好人嗎？我至少應該有可以擦神燈，或是許個小願的資格，怎麼把我說得一無是處，好像自己從沒做對過事一般！幸好我的臉皮有那麼一點厚，就在被訓話，情緒不爽快奪門而出時，自己將自己從崩潰邊緣拉了回來，認清了事實。發現這下子遇上「大麻煩」了，因為檢視自己的標準從此不一樣了，想當好人那有這麼容易，這怎麼跟我以前看的神話故事完全不一樣呢！

我想該是冷靜的時候，我真的撞到神了嗎？還是我遇到的是高級神棍？當時我一直在問自己類似的問題，我怎麼可以這麼輕易被唬弄呢？「大膽假設，小心求証」，這從小時候聽到像普洱茶一樣愈老愈發霉的話，今天終於有機會派上用場了，不枉費收藏這話數十年！但也因為這樣，我開始懷疑神所說的話。別以為我很猛，敢質疑神，其實我的心裏好害怕啊，萬一遇到這一個老頑童真的是神，那我這樣的懷疑不是犯了天殺的大罪——謗神毀佛嗎？我不就永世不得超生？還是要做好幾世的豬狗？不行不行，雖然我打香腸常贏，可是這賭太大了。但……我的牙齒還是鐵做的，我信不太下去，這真是痛苦啊！

或許大家會想問，我看到了神，那神長怎麼樣，是跟廟裏供桌上一樣嗎？

還是像外星人？請注意！我接下來這幾個字很重要，重要到大家想撕了這文章，因為「我沒看過神」！我只寫我撞到了神、我遇到了神，卻沒用「我看到神」這些字眼！在看這文章的你，是不是認為我在「裝笑維」？我真的沒有「裝笑維」！因為我看到的只是神的媒介，一個這個社會說的乩童、靈媒……，也就是上面剛提到那位老頑童。

不曰：

神，只是一個名詞，不是無理的權威，可以有懷疑再去合理的驗證，否則將很容易變成迷信。

若以科學的說法，可以稱祂們為一個能量場，或是叫磁場或高階靈，至於不同神的名號，就代表著不同名稱的能量場。我們人也有能量，那跟神佛有何不同呢？在於密度之分，當然密度愈高，所謂的能量也愈大。不管是人還是神，都一直透過「服務」來增加本身的密度，而不是空口說白話，什麼都沒做。

還記得第一次老頑童按公司的門鈴，還是我去開門的。那時只想看看在老板口中的高人，會是怎麼個三頭六臂法，還是如何仙風道骨，怎會迷得兩位熟女如癡如醉呢？結果那天我開門一看，很普通嘛！沒有手長過膝，一樣一個頭，兩手，兩腳，而且還沒有我高，怎麼會是個傳說中的武林高手？還是他按錯門鈴，是隔壁王大媽、李大嬸的朋友？但聽到背後老板傳來的呼叫聲，是的，這位不起眼的老頭，就是人稱百年難得一見的武林奇才—老頑童！

老頑童進到公司，我一有機會就會偷瞄他，看他是否在耍什麼把戲，還是用什麼魔術手法，我能不能從中間看出端倪，破解他行走江湖的手段。雖然我有著國父革命不懈的精神，但看了十次以上，還是無功而返，或許我該先去看看逆流而上的小魚，練練眼力吧！

撞到了神，這下子賺到了，只要皮繃緊一點，或許祂們有意無意所透露的號碼，將會是發財的關鍵。看來離發達之路近了，生活應該會過得更爽了，這可要好好用錄音筆錄起來，一個字都不能少，否則少一個號碼，獎金就差很多了。但離祂們愈近，真的就賺愈多嗎？

不曰：

金剛經：「若復有人，於後末世，能受持、讀誦此經，所得功德，於我所供養諸佛功德，百分不及一，千萬億分，乃至算數譬喻所不能及。」

供神信佛，離祂們雖然很近，也確實有較多的護祐，但這護祐不是被神佛愛，而且祂們也不是滿足有所求慾望的提款機。這護祐是自己多了自我省思察覺的機會，只有自己修正自己的行為，如體實行，才是真的賺到，否則只是浪費了一段善緣。

第三章 太子爺的代號－傑克

話說，老頑童第二次來公司拜訪的前幾天，我做了一個夢，嚴格來說，應該是兩個夢，只是它們連在一起。這兩個夢，讓我開始踏上「追神」之路！

在某一天的晚上，照慣例打完線上遊戲，我就上床睡覺了。不知道過了多久，就在夢中看到太子爺快樂的轉進來（不是神像，是九華殿網站太子爺的動畫）。然後「收」到一個聲音：

「網站先暫停一下！」

當時，在夢中我覺得我是有意識的，不是像一般的夢，自己無法控制自己的思考。我甚至因為那句話，還在夢裏頓了一下，想說發生什麼事了，怎麼夢裏會跑出太子爺來？就在我還在納悶搞不清楚狀況的時候，太子爺的 logo 就不見了，換成是一個躺著的光線立體人體動畫，有點像 Discovery 做的立體人體動畫。我很強烈的感覺到那個人體動畫，就是我的爺爺。爺爺「給」我一個訊號：

「我的後面髒髒的，來幫我清一下！」

然後我就醒來了，而且是立刻醒來，馬上回到現實世界，整個時間的感覺好像被抽掉，讓我分不清是夢還是現實！

不曰：

因為做網站的關係，所以我對太子爺最深刻的印象，就是網站上太子爺的 logo。其實神的能量場，是不具相貌的，只是不同的能量場，會有不同的顏色或是亮度。而祂們有時候為了要讓人容易懂得祂們是誰，減少訊息傳遞的誤差，所以會化成適合的「相」來示現，但祂們其實是無相的。人在習修，可以

「相」參修，以假修真，但最後不可執著於相，要破相，才能無執著，著相，還是在相內，無法真的通達。

上面兩個夢的描述，大家有留意到有什麼不一樣嗎？我只說「收」到訊號，而不是說我「聽」到祂們的話！套用科幻小說上寫的，這也許就是心電感應，沒有說的動作，卻能收到訊息，也就是以「念」溝通！

醒來之後我一頭霧水，網站進行得好好的，為什麼要暫停？爺爺都已經揀骨進納骨塔了，為什麼還會背後髒髒的？難道是這次清明節沒回去掃墓，爺爺想我，所以托夢給我嗎？總之這一切都是問號，充滿著不合理的邏輯，連博學待我如兒子般照顧的老板，也無法解答我的問題！或許，能幫我解惑的人，就是過幾天即將來到的老頑童！

等我跟老頑童說完了我兩個夢之後，他說：「網站要稍微暫停一下，你不覺得嗎？」

當老頑童說出這一句話，我才頓時了解為什麼網站要暫停一下，因為在解夢這個問題之前，我們有討論網站的進度與問題，但真正網站需要先暫停一下的原因，是大家的步調與價值觀不一樣。也就是大家對於做這網站的理由與認知都不一樣，至少我很實在，我只想因網站多賺一些錢過生活。因為做網站這個「因」，我們聚的不漂亮，所以太子爺要我們好好想一下，並沒有規定或是強迫一定要做網站，也不是神要的，完全是看個人的選擇！

接下來，我又問了：「太子爺為什麼托夢給我，跟老板講不是更快更直接嗎？」

「因為你不相信祂們的存在，所以故意讓你「看」到！否則在這半信半疑間，你怎麼繼續做網站！」

「那我爺爺的夢呢？」

老頑童只笑笑的跟我說：「回家看看就知道了！」

不曰：

都忘了跟大家介紹老頑童，他的代號其實就是人稱太子爺的N號靈乩，是靈乩不是乩童。乩童在所謂的下駕狀況，自己近乎無意識狀況，無法有自己的思考，等身上的能量場退去後，自身會不知道自己之前在幹嘛，而靈乩可以。用玩遊戲的語言，靈乩是乩童的升級版，用七龍珠的說法，乩童是賽亞人，靈乩是超級賽亞人1。

我們常講福報或功果，如果我們將「服務」可以轉成福報功果來比喻的話，乩童所累積的福報，可以說是少得可憐，為什麼呢？因為，乩童在「下駕」的狀態，全讓給「神」來做了，做的是神，不是人，那人怎麼會有福報呢？

就如同你不幹工，怎會有薪資呢？所以當乩童的人，若是想升級，「人」一定得要一起學習才行，否則神明一離開，你還是個「零」，永遠沒有什麼進展。

天啊，老頑童還繼續賣關子，不給我一個痛快的答案，這是在報復我「心懷不軌」嗎？

我雖然有點生氣，但又不敢表現出來，想說如果夢境真的是超靈異事件，現在得罪老頑童，不就等同於讓自己陷入無人可幫的窘境了嗎？於是我「心平氣和」的再問老頑童問題。

「我前幾天下午肚子餓，去買鹹水雞邊吃邊工作，但吃到一半就覺得不舒服，難道做太子爺的網站，要吃素嗎？」

老頑童笑說：「當時你在做什麼工作？」

「整理心經的錄音檔跟文字檔！」

「弄心經，還邊吃葷，你覺得磁場會相應嗎？」

「對喔！我怎麼沒想到！所以不是太子爺要我開始吃素？」

「吃素吃葷隨便你，但別在處理經典相關事宜時開葷！」

一旁的人，全笑翻了。編輯心經，還吃鹹水雞，我可真「內行」！真是嚇死我了，我可還沒有怎備好要吃素當和尚，而且我還是標準的肉食主義者，牛肉可說是必點的佳餚，如果不能吃肉，我人生就變成黑白的。

與老頑童聊完的當天，我打電話跟媽媽討論爺爺的夢後，才知道我嬸嬸每次掃墓，都會擦爺爺骨灰罈周邊，那怎麼還會髒髒的呢？是因為燒完的金紙灰燼「溜」進去裏面嗎？這會不會太瞎了啊？最好灰燼可以那麼準的鑽進縫裏？在這一連串的自問自答匪夷所思的疑問中，我跟我媽媽已經到達爺爺放骨灰的地方！

我從沒有這麼緊張的開過塔位的門，我即將要驗證夢境的真實，感覺好像要開獎似的！我曾預想打開的那一剎那，會有東西跑出來嚇我，所以我真的很小心翼翼的打開塔位的門，彷彿門會被我拉壞一樣。打開門的瞬間，我受到的震驚，絕對不輸於有東西跑出來，因為骨灰罈的後面真的是髒髒的！原來我嬸罈雖然每年都有擦拭做整潔，但都沒有擦到骨灰罈後面，所以那邊積了一層灰，這下子謎題解開了，就如同夢境所示一樣：「後面真的髒髒的！」

此時我腦中浮現了購物台廣告語：「傑克，這真的是太神奇了！」從此『傑克』兩字，就成為我與老板間的默契代號。一有什麼不可解釋或神奇的事發生，都會說：

「『傑克』，祢又來了！」

不曰：

事後再請教老頑童，為什麼阿公會託這樣的夢！原來骨灰罈後面髒髒的，會影響後代子孫的運勢，而我正在幫太子爺做網站，祂會照顧我，讓我無後顧之憂，而且，一般來說，普通的靈（如我爺爺），是沒有能力託夢的，所以那一天是太子爺用祂的能量，將我爺爺拉進我的夢中。

人平常會因受到「意識」的影響，所以「靈」活動的空間不大，甚至感受不到「靈」的活動。而人在睡覺時，肉身近乎休息關機的狀態，連意識的「束縛」也跟著降低，所以「靈」的活動力大增，很多「神奇」事件，都會在「睡覺」這個狀況發生，因為少了「識」的綁架作用。

在經歷過兩件託夢的實例後，我開始相信有神的存在！但，我還是懷疑，這是真的嗎？還是高段的心理學手法？看來我的牙齒真的是太堅固了！我跟一些信神的朋友聊過那兩個夢，大家都很羨慕有神明加持與守護，這是多麼得來不易，是幾百輩子才有的福份啊，膽敢這樣質疑，懷疑神的存在，我應該要被拖出去斬，以視正聽。我想，我可能真的活得不耐煩了，只是老婆還沒娶，小孩還沒生，樂透還沒中，我還不想這樣死去！

老頑童真的是「神明代言人」嗎？我真的接觸到祂們了嗎？其他人與祂們的第一次接觸，又是什麼樣的情形呢？『小前鋒』的經驗，讓我覺得很詭異，可說是鬼故事了。

『小前鋒』是位小女生，之前與老頑童是同事，聽說她太常卡陰了，所以才因此認識了老頑童。有一次老頑童要『小前鋒』，一定要到九華殿，『小前鋒』覺得奇怪，但那時也只能乖乖聽話。但當天『小前鋒』愈接近九華殿，她就愈不舒服，甚至還想打道回府，連騎車載『小前鋒』的姐姐『愛抽煙』，都覺得不對勁，但又無法可幫，只能心急的先騎到九華殿再向眾人求救。

沒想到她們兩人到了九華殿後，『小前鋒』不願意進九華殿，跟之前完全不一樣，判若兩人，『小前鋒』還用手硬撐在門口，『愛抽煙』在門外大喊。老頑童與裏面的壯丁，聽到『愛抽煙』的求救聲，趕緊衝到門口，一看『小前鋒』怪異的行徑，全愣住了，認為『小前鋒』瘋了！大家想要先把『小前鋒』拉進來九華殿，但『小前鋒』卻像發瘋似的撐在門口，死都不肯進九華殿，眾人費了九牛二虎之力，抬手的抬手，拉腳的拉腳，終於將『小前鋒』握在門框上的手給鬆下來，眾人用抬的把『小前鋒』抬到九華殿內，雖然『小前鋒』還死命的掙扎，想要逃離眾人的束縛，但手腳懸空的她，終於還是被抬進了九華殿。

沒想到『小前鋒』的腳才一著地，她就像發瘋似的亂踢，踢得現場的人都快壓制不住她，眾人也想不透這麼小隻的『小前鋒』，那來這麼大的力量！就在眾人納悶的時候，沒想到『小前鋒』說話了：「放開我！你們阻止不了我的！」

『小前鋒』的聲音，竟然變成是一個渾厚的男生聲音，大家嚇傻了！這不是『小前鋒』，「他」是誰？『小前鋒』被附身了嗎？看著被眾人壓住的『小前鋒』，『愛抽煙』心急如焚，老頑童趕緊請神明幫忙，點了一零八柱香，替『小前鋒』做處理。

不曰：

有些負能場會寄生在人體，藉由吸收宿主的能量，來壯大自己，如果是有在習修的人，更是一些負能場覬覦吸收的對象。

在『小前鋒』身上的負能場，已經寄宿在她的身體許久，老頑童之所以會叫她來九華殿，就是已經在『小前鋒』生活中看出端倪，想要幫『小前鋒』解決，沒想到『小前鋒』本來不知道老頑童要做什麼，卻被身上的負能場察覺，所以『小前鋒』才會愈接近九華殿就愈痛苦，想要藉由痛苦，來迴避老頑童的處理。

事後老頑童說明，如果再過幾天沒有解決的話，『小前鋒』的靈魂會被吸收掉，到時候她就不是她了，而變成是寄生的負能在操作『小前鋒』的身體。由於『小前鋒』的體質特殊，所以那負能場不想失去這麼一個好機會，就算是進到了九華殿，拼了一死，也要留住這機會。

附身，可以想像是一能量，要去吸收另一能量，當被吸收的能量失去主導權，原能量就會變了，也就是我們常說的「變了另一個人」。也可以將附身想像為電腦病毒，同樣是你眼前的電腦，但已經被電腦病毒入侵，使用者已經再也控制不了，甚至也被開了後門，讓人隨意侵入盜取資料而不自知。

第四章　我的身體有個祂

因為做網站的關係，我跟老頑童接觸的比例愈來愈高了。有一次去九華殿，還看到所謂的「問事」，這對我來講很新鮮，因為我沒看過。或許很多人有問事的經驗，但我沒有，頂多看到廟裏抬轎子扶鸞，就像小時候在廟裏看到的一樣。

原來「問事」，是當事者說出他們內心的問題，由老頑童扶鸞寫出，再解釋文中的意義。老頑童寫的是國字，那為什麼還要解釋呢？因為那「文」，寫的幾乎都是絕句文言文之類的，在現今注音文火星文一堆的潮流裏，絕句類的東西，可以稱得上是天書了，不解釋，我看真的懂得人不多。

我心想：「要不是老頑童飽讀詩書，那麼真的是有神，怎麼可以這麼快就寫出七言絕句類的文章，別跟我說老頑童是曹植轉世，可以七步成詩，就這太誇張了！」

本想等那些排隊的人問完事，我再與老頑童處理網站的事，沒想到我卻失算了，一等就從晚上八點等到晚上兩點多，就這樣我被「軟禁」在廟裏了，想下班去看個電影都不行了！在廟裏的師兄姐表示，以前來問事的人，多到廟裏擠不下，都排到大門外面去，有很多還是演藝圈的人。當天有一組人，還是一名偶像劇的投資者，想問老頑童該如何投資。因為老頑童去了大陸，所以現在才沒什麼人，就連這幾天老頑童回台北，也沒幾個人知道！哇！那我今天算走運囉？只有幾個，而不是排到外面去，否則等到花兒也謝了，也不知道會不會輪到我發言！

在講完網站的事後，我才稍微了解到「神明」是怎麼一回事，用科學是可以解釋的。比如說為什麼老頑童可以接收祂們的訊息，我或其他人卻不行！答案很簡單，因為還沒對好頻率，就如同對講機一樣，雙方或多方的頻率一樣，才能聽到對方說什麼！而這接收這強大磁場訊號的方法，並不是只有特定人才會，而是每個人都會！這消息真是晴天霹靂啊，那我也可以學這方法囉？那我不需要其他特異功能，我只要能準確的接收六個號碼的技能就好了，這下子就不愁吃穿了，太子爺果然很照顧我，要教我這門祕技，只是到現在，我還沒有夢到六個號碼過，連短短的幾個郵遞區號都沒夢過，所以錢都做功益去了，我佛真是慈悲啊，讓我身體力行的去做功德！

不曰：

要怎麼接受這些大磁場的訊號呢？那就將自己調好頻，也就是大家所說的修行！修行並不是要你剃光頭到深山念經，也不是要你拋棄一切，兩袖清風，而是要你調整好自己的行為與思考，進而讓自己不被情緒所控制，這樣才算是最基本的調頻。

別以為調對頻率，這功夫很了不起，別忘了一山還有一山高，精準度與穩定度還有待持續加強，修心覺察，是一輩子的功課，否則我們這個世界，有著太多的誘因，小心變了質，造成了退轉而不自知。

老頑童說：「每個人身體裏面，都有一個靈魂存在，而且在等待覺醒！」這是那一國的語言啊？如果我沒醒著，那我現在是夢遊講話嗎？老頑童的話讓我實在摸不著頭緒，怎麼剛剛還是寫絕句的國文老師，現在卻變成哲學老師！

老頑童又說：「人在小時候最乾淨，沒有受到人為價值的污染，餓了就哭，開心就笑，沒有理由，最直接的表現，是靈魂覺醒力強的時候。只是長大後，接受到『教育』，才會去分辨好不好吃、好不好玩，學會了比較，所以到最後迷失了自己，老是追求別人定義的好與壞，忘了自己真正要的是什麼，靈魂的聲音也已經被遺忘了！」

體內有個靈魂耶！那我還是我嗎？我又是誰呢？這些玄之又玄的問題，搞得我頭大想不透，所以當時我選擇性遺忘，不再去想，可能因為我還沒剃頭點戒疤，悟性不夠吧⋯哈，但最大的原因是我累了，我想休息，我腦筋無法做超頻思考，不然會冒煙，天都不知道黑多久了，我還被軟禁在廟裏做哲學教育勞改！

其實那一天，才算是自己對九華殿第一次的接觸，因為第一次自己去九華殿，第一次看到問事，第一次遇到其他的師兄姐。那時感覺大家都很厲害，大家都有向不同的神明拜師，套句周星馳的話，「好神啊！」，感覺整間廟都快亮了起來，處處是「神氣」。當時自己也想看看有沒有機會，拉個裙角沾點關係，找個神明拜一下當靠山，助助自己的氣勢與運勢，但一想到「神威不可戲」，想想也就算了，沒有說出口，怕被神扁，也怕被其他師兄姐笑。

在老頑童一邊辦事的同時，我也跟其他師兄姐聊了起來。原來拜師也不是那麼簡單，不是香上一上，報個戶口就可以了，還有一些程序。聽到師兄姐聊起拜師的經過，與當時被規定要做的功課，感覺這拜師遊戲好像還蠻好玩的。於是自作聰明的我，就迂迴的問了自己有沒有功課要做，沒想到真有「功課」要做，我傻了。我想說我沒拜師，應該不會有神明要交待「家庭作業」給我。我這凡夫俗子，竟然還有神明閒到要叫我做功課，這下真的禍從口出，嘴巴該用釘書機釘起來了！

我要做什麼功課呢？老頑童請一位師兄擲筊確認後，知道了內容，但我簡直是像被三十六發的雷打到，因為，我要每天念三十九遍的心經，三十九遍耶！當時我連心經是什麼都沒看過，一下子就三十九遍，會不會太優待我了，我的頭大了，就算張宇加上庹宗康也沒得比！

沒想到一旁的師兄很好心，以迅雷不及掩耳的速度，就拿了一本心經給我，要我回家看，這效率之高，公務人員應該多學習。而我看那位動作迅速的師兄眼神，像是告訴我，我很無奈與無辜，沒事找事做。但我後悔已經來不及了，因為君子一言，駟馬難追，而祂們神明一言，讓我如坐鐵錐，自找罪受。禍從口出，已經在我身上得到很大的驗證了，真是心經接在手，心裏在顫抖！

那天我離開九華殿，已經是晚上三點半左右，回到家洗完澡，看著桌上那本心經發呆，嘆了口氣，只能說「個人造業個人擔」，這麼晚了，到底要不要念呢？我硬著頭皮，就開始念我人生第一部的經典「般若般羅密多心經」。三十九遍，這數字一直在腦海裏飄來飄去，邊念還邊打瞌睡，為了怕忘記要重念，每念一次，我就按電腦一下來做紀錄，不誇張，中間有好幾次都還念到失去記憶，頭碰到電腦桌才驚醒過來，也好幾次想放棄，但我不知那來的莫名毅力，竟把三十九遍念完了，此時外面天也快亮了，我的舌頭也打結了，這時該是躺平的時候了，周公我來拜見祢了，等我！

不曰：

心經字不多，但意義深遠，當時自己被三十九這個數字嚇到，加上對經典有些誤解，在兩個原因加總之下，造就了自己的恐懼，其實只要去做，會發現事情不是自己所想的那個樣子。之後，我將那天的事情跟大家講，大家只有哄堂大笑。

老頑童笑笑的說：「你不會睡起來再念啊！」

唉！我怎麼沒想到睡飽之後再念的這簡單道理呢？難怪會被笑！

每天要念三十九遍心經，那我要怎麼念呢？我不想花這麼久的時間在念經上。我大智慧沒有，小聰明還有一點，終於讓我想到了方法了，那就是在上下班的時候念。我上下班的工具都是大眾交通工具，所以只要一上了車，就可以做自己的事。那時我一上車，就開始念心經，下車走路到公司的途中，我也一邊念心經，就這樣在每天上下班來回的路上，我輕鬆的完成了我的功課。甚至最後到心經念了第幾遍，就可以推測出來自己在那一個站牌附近。有一次真的突然忘記念幾遍了，看了附近的位置，推測應該是念了幾遍，但為了怕有誤差，還是有多念幾遍，免得不足。

「每個人身體裏面，都有一個靈魂存在，而且在等待覺醒！」

這一句老頑童說的話，其實一直在我腦海裏揮之不去，但我卻又想不透箇中的含義。如果我身體有個靈魂，那祂到底潛伏了多久，為什麼我都不知道？靈魂等待覺醒？那靈魂醒了，我該怎麼辦，那我還在嗎？那最後到底誰又是誰呢？

不曰：

在夜深人靜的時候，常常會有聲音跑出來和自己對話，導引自己往正面的方向，那就是你的靈魂。如果身體沒有靈魂的話，那這聲音是從那裏來的呢？

是自己的思考嗎？如果是，那是不是也代表自己無法控制自己，否則思考怎麼會不受控的跑出來？

我的靈魂醒了嗎？我只能說半夢半醒。但這並不會讓我變成「多重人格」，而是會有個聲音，引導我前進的方向。差別在於你夠不夠相信，自己內在的聲音。

佛經常講說要找回自性，這自性就是「本來面目」，也就是你原本的靈魂，只是在這五濁惡世中，自性要如何出得來，就端看自己的選擇與學習了。

第五章 誰是我的老師

我在想，如果我可以拜師，那我的老師會是誰？老關（關聖帝君）、瑤媽（瑤池金母）、觀姐（觀世音菩薩）、老君（太上老君）、還是小李（太子爺）？我常在幻想這個問題，但每次想完後，總是會有一個壓得我喘不過氣來的困惑，那就是，我真的有資格拜神明為師嗎？雖然我有時會捐點小錢，也會讓座，但，我會有這所謂的福份嗎？想拜師，卻又怕妄自菲薄，這些困惑，讓我自己感到自卑，所以我也沒向任何人說出口，包含老頑童與我的老板，因為我總認為自己差人很大一截，不夠格拜師。但，事後才知道，我錯了！其實每個人都可以拜師學習的，只在於自己願不願意！那我的老師會是誰？這又跟夢有關係了！

會知道拜誰當老師，這時間點我記得很清楚，因為隔天就是七月初一普渡，老頑童這次回台灣，就是要處理普渡與網站的事，幸好如此，我夢境延伸的問題，隔天就得到解答了。

農曆七月初一當天，大家都準備完了拜拜的東西，就在後頭聊天等拜拜的吉時到，此時我按耐不住性子，就將昨天晚上做的夢跟老頑童講，想說這會不會是跟之前做的夢一樣，都是在傳遞訊息給我？老頑童笑笑的要我自己擲筊去問，我傻了！我那會擲筊跟神明溝通啊？你這是在為難我吧？別因為我之前懷疑過你，你就每次玩我，這太沒肚量了吧！

沒想到，旁邊的師兄姐，竟贊同老頑童的說法，也鼓勵我自己去問。

「凡事都有第一次嘛，只要將自己的問題釐清，直白的問就可以了！」

我心想：「我看你們是一伙的吧，一鼻子出氣！」

頓時我覺得大家都很殘忍，要我孤伶伶的一個人去面對，我這弱男子怎禁得起赫赫神威呢？於是在眾人的眼光之下，我只能硬著頭皮，鼓起勇氣，走到大殿拿筊，準備我的第一次與神溝通！我緊張嗎？我當然緊張，心臟一直加速在跳！這到底要怎麼問，用國語還是台語？要念出來嗎？還是，有沒有擲筊SOP的小抄可以看。就在驚慌無措之下，我，開始問了！

「請問這是夢嗎？」笑筊！我懷疑了自己，又再問！

「請問這不是夢嗎？」又是笑筊！

「是我想太多嗎？」還是笑筊！

我，放棄了，我認為我無法與神明溝通，祂們笑我笨，所以都給我笑筊，我敗了！

我將擲筊的經過跟大家講，引來一陣大笑，老頑童說：

「你問錯問題了！這是夢，只是，是不是一個有訊息的夢？所以我那樣正反兩面問是不是夢，祂們當然會給我笑筊啊，因為都是，也都不是！」

於是，我用老頑童說的問法，再次挑戰與神明溝通，但沒想到我還是一樣擲不到三個聖筊的指示，我又敗了！我只能摸著鼻子，再次將這大敗的消息告訴大家。

小知識：拜師的緣分

在許多廣大的能量場裏，有某些能量場的頻波會跟自己比較接近，可以藉由這個頻波讓自己好收發訊息，於是便將自己的頻率，調整向最接近自己的能量場頻率，這就是拜師的源由。

由於大家聊天的地方是所謂的吸煙區，煙霧彌漫到我受不了，所以我就走到前面坐著，而隔壁過個門就是大殿了。慧根不夠，所以我只好一個人落寞的坐在客廳。

「我真的這麼不得神緣嗎？連一個聖筊都不給我！」我很懊惱。

過沒多久，老頑童到大殿擲筊確認一些事情，我也好奇的在觀察他是怎麼擲筊，是否有所「撇步」可以偷學。結果看到老頑童突然轉頭看著我。

我心想：「不會吧！連我偷看你，你都知道，你是背後真的有長眼睛嗎？」老頑童不在乎我看著他，念念有詞的繼續擲筊。擲完筊之後，他又走向後面的吸煙區了。

老頑童為什麼會突然望向我呢？這時人賤的天性就出現了，總覺得他擲筊問的事情一定跟我有關，於是好奇心做祟下，我鼓起勇氣，再次走向煙霧彌漫區了。

「你的老師來找你了！」老頑童輕鬆的說著，而我卻愣住了！

「我的老師？我也有老師啊？而且是祂來找我，我好高興啊！」我心裏這麼想著。

「你的老師是閻羅王！應該是適合的時間到了，不然怎麼一到七月初一的子時就找上門了！」

「我的老師是閻羅王！這是開我玩笑嗎？加上七月初一鬼門開，我要被抓去地獄關了嗎？」我心裏吶喊著。隨即一種不知該高興還是悲哀的矛盾感覺衝上心頭！

我心想：「老頑童是不是弄錯了啊，其他師兄姐的老師，都是在天上飛的，我怎麼會是住在地下的呢？心裏有種死定了的感覺，這下子慘了，以前燒殺擄掠，這下子果然報應到了，等著準備上刀山下油鍋吧！」

雖然老師都主動找上門，讓我掃除沒有老師可拜的憂心，但拜閻羅王為師，我真的很掙扎，很想大聲說：「我想換老師，我不要這個整天扳個臭臉，陰森又可怕的老師！」

但我只敢在心裏想，不敢說出口，因為敢不給閻王老子面子，那真的是活得不耐煩了，我怕我死的時候，會更加淒慘！但，怎麼辦，怎麼拜神會拜到地下的死神呢？怎麼我會夢到一個燙手山芋，要認師，自己不甘願，不要認師，又沒這個膽子。

我心想：「祢們去找別人，別找我，我資質駑鈍，高攀不上冥界之王！我身上沒什麼冥界胎記，是不是祢們認錯人了？」

不曰：

對閻羅王這些恐懼的情緒，其實都是我多想了，因為我太不了解祂們了，所以才怕得毫無理由！能量場的名字都是人自己取的，連階級之分也是人搞出來的，祂們只有各司其職的大愛，沒有世俗誰大誰小的分別。一般人對閻王的感覺，多以恐懼居多，當時我也是這樣的感覺。

有一次我搭電梯時，電梯突然故障卡在中間，電梯裏的緊急電話不通，我趕緊拿起手機，想碰運氣看可不可以向外求救！但隨即我感受到有一股能量場在附近，我直覺反應是老師來了，因為我當時在電梯裏太過於害怕，所以祂們一定也感受到我的不安，馬上跟我有呼應，希望我情緒可以平緩下來。事後，我怕一切都是我亂想，還特地到九華殿擲筊問，我感受到的能量是不是我的老師，筊是直接三筊落定。我從不接受閻王老師到懷疑祂們，祂們一樣沒有分別，一路護持幫助我到現在。

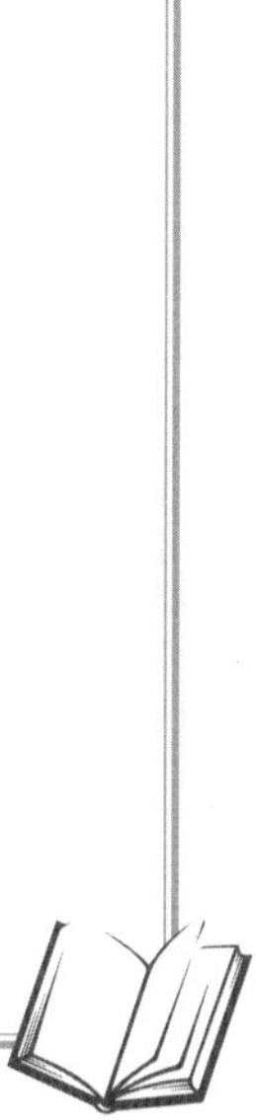

慈眉善目總不得，非要怒目金剛相。神佛會因眾生，而化成不同的相來渡化與教導。在學習的過程裏，有時也是需要扮「黑臉」的怒目金剛來警示，所以閻王的真的可怕嗎？祂也是應眾生的需求所產生的「相」，祂並不如「人」說的可怕。

地獄，真如人說的恐怖嗎？拔舌、上刀山、下油鍋，充滿著悽厲的叫聲，很多靈魂都在那邊受苦受難，但，真的是這樣嗎？地獄，會不會是靈魂的修復場呢？因為靈魂有受損，所以才去做修復整理，整理完了，再繼續往下一階段的旅程前進。只是靈魂在這整修之間，發出了一些高低頻的聲音，被「人」聽到，才被解釋為「痛苦的哀號」，地獄就這樣被人「定形」了，而且廣為流傳！

由於恐懼的作祟，直到真正行拜師儀式的這段時間，我都不太敢提我要拜師！但終於有一天，因為自己搞不清楚狀況的自大，終於開口提起要拜師的事！

話說那一天跟師兄姐在九華殿聊天，說起現在世道的變化，天地人三界的能量都開始在變動，想要維持三界的平衡，就要調整失序的能量，否則只會繼續失衡下去，混亂與變動會愈來愈大。當時因為自己莫名的正義感湧現，想說天上飛的「天道」，都在救苦救民，那我這「地道」的冥人，怎能缺席這拯救世界的大會呢？於是我就認為自己應該要挺身而出，準備當超人維護世界和平，所以我要拜師了！

但依照慣例，並不代表我想拜師就能拜師，還要三聖筊落定才可以，因為不是人說的算。雖然老師有來找我，但會不會頂多只是有緣而已呢？所以我請『愛抽煙』，幫我去確認是否可以拜師時，我心裏是很怕被神明打槍拒絕，搞不好還將這打槍的消息，貼在神界布告欄，這下我就在神界出名了。在『愛抽煙』確認的這幾分鐘，我心中忐忑不安，如坐針氈，甚至有些後悔幹嘛要問拜師的事，裝沒這回事不就好了，怎麼老是自己愛找自己的麻煩。但該來的總是會來，『愛抽煙』終於走上來了，答案也即將公布！

「你可以拜師了！」

我聽到答案時，心中有莫名的感動，而且，我沒有被神明打槍，哈⋯⋯！

「你可以先在九華殿，向閻羅天子請託，由祂轉達與代受儀式，之後再擇日去補拜師儀式。」

我，終於也有老師了，有神要我了，雖然我跟祂很不熟，也很怕祂，甚至想不要祂！

事後我找時間，自己擲筊問拜師的時間與地點，約莫一個月左右，在友人『誰理你』與老板的陪同下，我們到我老師的廟裏，準備行正式的拜師儀式。照拜師程序稟完後，我就跪在老師神像前，看是否有所謂的「感覺」，當下只覺得一股不屬於我的力量出現，我就被那力量牽引著一直磕頭，本以為是拜師儀式裏要磕的一百零八個頭，但實際上，我磕的頭不是只有一百零八下而已，就一直猛磕狂磕瞎磕，最少有一百零八乘以五這麼多下。我不只磕到暈了，額頭紅了，甚至也瘀青，最後還結痂！

此時我與『誰理你』都浮現相同的想法：「會不會十殿閻王都是我的老師？」。天啊，這太可怕了吧，我是不是自投羅網，自己往地獄裏的刀山油鍋跳？

不曰：

大家都以為自己可以控制自己的身體，但你發現你意識清醒，但身體卻不受控制時，你覺得會是什麼情形？當時的拜師就是這樣一個情況，明明意識清醒，但就是有一股無形的力量牽動著你！

這除了是磁場的相應外，其實也在讓我的身體了解到有「祂們」的存在，因為我心裏存著太多的懷疑，總得讓我實際的去驗證！

小常識－拜師

拜師不是要自己當超人，也不是要做什麼捨身取義的大事，為的只是讓自己能與自己相應的能量場，做更好對頻與接續而已，大家別把拜師當成是一種迷信的深淵，好像拜師就要為能量場拋頭顱灑熱血，或者拋家棄子。

或許有人會因此得知自己有所謂的天命，或是自己有什麼特殊的力量，覺得自己與眾不同，但就算真是如此，也請你不用得意，因為另一個看法就是，你答應要做的事，做了幾輩子都還沒做完，所以這輩子還要繼續做，直到完成為止。總歸一句話，有天命也可被表示「欠債」欠到現在，所以這輩子認真的做完吧，若以此高調亂用能力，只會愈欠愈多債，利息也會愈加愈多！

佛經道典有很多部，有些人會對某些經典很有感覺，比如有人喜歡「佛說阿彌陀經」，但有人卻很喜歡「藥師琉璃光如來本願功德經」，經典並無誰比誰殊勝，有的只是誰與那些經典相應，這跟「拜師」呼應的磁場是相同的意思。

準備物品：

五果、五色金，一束三十六柱香，一束七十二柱香。如果有再問到其他東西，那就再補足。所有東西要自己準備，若臨時用到廟方的，記得要隨喜功德。

程序：

1. 將準備物品置於供桌上，先依照該廟祭拜順序祭拜一遍，並說明今天來拜師。

2. 點三十六柱香稟告師尊，稟完後，將香插於師尊前的香爐，若師尊前方沒有香爐，則將香插於主爐。

3. 靜下心，跪在師尊神像前，看是否有什麼「感覺」。通常會找可以接收訊息的師兄姐陪同協助，除了可幫忙外，也比較能知道是否有什麼功課。

4. 擲筊確認拜師程序是否已經完成，若未完成則繼續接收訊息，直到擲出連續三聖筊，才代表拜師程序完成。

5. 向師尊磕七十二個頭，再往外向天地磕三十六個頭，拜師完成。

6. 點七十二柱香，到天公爐祭拜，請天地十方眾神佛做鑑證。拜完後，將香插於天公爐內，這樣就完成拜師程序。

經過擲筊確認，我的老師還真的是十位，因為祂們的法門都一樣，別人是一次拜一個老師，我一次拜十個，十個老師一起管，這下真的是「賺」到了，而且還「賺」很大！有十個神明罩著你，乍聽之下好像很屌，但實際上我想的是：

「死定了！十個，還可以輪早晚班兼消夜電我！」

拜完師，由於自己還收不到訊息，時間也晚了，就請『誰理你』幫忙問我的老師，是否有什麼功課要交待給我。當下『誰理你』問到我要讀另一部經典，而且要念七七四十九遍，於是「佛說長壽滅罪護諸童子陀羅尼經」，成為我讀的第二部經典，這經典真的有點長啊，讓我頭大，啊！不是，說錯了，是讓我頭裏面的智慧變大，簡稱「頭大」，真是感謝老師「們」的用心良苦啊！以前我沒看過這部經典，但沒想到「佛說長壽滅罪護諸童子陀羅尼經」，變成功課後，我之後變成常看到這部經典，只能說自己是孤陋寡聞吧！

我這做拜師的功課，沒想到竟然還有程序，在念「佛說長壽滅罪護諸童子陀羅尼經」前，還要先念心經，我有好幾次「佛說長壽滅罪護諸童子陀羅尼經」念到一半，都忘記有沒有先念心經。本想偷渡摸魚看是不是可以過關，但一想到公正無私的閻羅老師「尊容」，為了怕功課沒做足被老師們「疼愛」，所以只好忍痛重念，確定念完了心經，再繼續念「佛說長壽滅罪護諸童子陀羅尼經」。不誇張，剛開始做一遍的功課，可是要花約一小時的時間，我還特別將房門鎖起來，不讓室友來打擾我，免得我功虧一簣，還得重來，這樣會讓我想殺人。真的，念經念到一半，發現無法確定有沒有念心經的心情，是會讓人想翻桌的。

在拜完師的當天晚上，我又做夢了，夢到一個白底透光的黑色圓輪進來，那黑色的圖案，像是許多不曾見過的文字所組成，有點像梵文。雖然我不知道圓輪代表什麼，也不知道它來幹嘛，但當圓輪要離開時，我不知怎麼的，一直大叫老師老師，結果圓輪傳來一個讓我發呆的訊息：

「幹什麼！」之後圓輪就離開了，我也醒了，覺得這夢莫名其妙。

經擲筊確認後，當天的圓輪是我老師的能量場，而我一直叫祂，或許就像小孩子，看到熟人要離開時，總會想撒嬌，也可能是想藉此讓老師知道我的存在，叫祂別忘了我！

「幹什麼！」

這句話果然有我老師的風格，畢竟祂很忙的是吧，哈……！

很開心，終於有神明看到我，願意收留我！心想有祂們當靠山，這下子走路也會有風了，看誰以後還敢來犯我？真的是這樣嗎？神明背在肩上，做什麼事情都可以不用怕嗎？套句祂們常說的話：「犯了錯，你們是第一個被抓出來砍的！」

不曰：

很多人都誤以為，愈接近能量場，就可以撈到一些好處，但這是錯的！祂們反而因為你拜完師之後，對你的要求會更加嚴格，因為你拜了祂們當老師，祂們就必須教你正確的觀念，所以一犯錯，馬上被抓出來修理。千萬別用人間的感情，投射在祂們身上，這樣只會搞死自己而已，要不然就別拜師學習。否則拜了師，皮就要更繃緊一點。

或許你會問，那為什麼有人接近祂們後，有些人生活真的變好，有些人卻愈來愈慘呢？生活會變好，那是因為他們有在調整自己，修正不好的地方，生活的發展就會跟著改變。佛力擋不了業力，你的習性不改，再大的佛也救不了你。祂們只能從旁協助，自己不調整改變，就算祂們給再多的助力，也是一樣會沒用，你只是在消耗與祂們的因緣。

某一天參加同修親友的喪事，在將亡者送入靈骨塔後，算是功德圓滿，大家就到餐聽用餐，由於是套餐而不是合菜，所以大家各自點自己的。但因為我們人多，所以餐點到，還得唱名，看是誰點的。就在大家談笑風生中，服務生唱名餐點：

「紅燒牛肉飯，是那位先生的？」

「我的，謝謝！」此時全場的師兄姐，都轉頭，瞪大眼睛看著我，好像我突然之間變成鬼，想跟我保持距離。

「你還敢吃牛肉？」一位師兄帶著「敬佩」的語意問我。

「經典不是要我們不要有分別心嗎？牛肉、豬肉、魚肉，一樣都是肉，我是抱著無差別的心情來吃肉，這樣不對嗎？」那位師兄聽完我這樣引經據典的說法，也沒有再多說什麼。而此時老頑童就移到我旁邊來坐，我發現大家的目光，又開始聚焦在我身上了，天啊，吃個牛肉有這麼十惡不赦嗎？

「一樣都是肉，為什麼要去分別呢？」

「是啊，都是肉。」老頑童笑著。

「對嘛，別這麼大驚小怪的！」

「你知道，之前種田都是牛幫我們祖先的，大家才能有食物吃！」

「我知道啊，那是以前，現在牛都是肉牛了，沒有在種田了！」

「牛的祖先，終其一生幫我們祖先辛苦的犛田農作，雖然現在都是肉牛沒在種田，但你現在吃的還是祂們的後代。」

「呃…所以你的意思，是我在吃我祖先的恩人嗎？」

「你自己想吧！」老頑童就這樣話丟著，人就回到他之前的座位上。

眼前的飯，突然間變成燙手山芋。天啊，我到底是該吃還是不該吃我的紅燒牛肉飯啊？吃了，我像是不懂得感恩，不吃又浪費食物。可惡的老頑童，總是這樣丟下話，人就跑了，害我看著紅燒牛肉飯不知該如何是好？而現場的大家，除了在聊天外，眼光也似乎都在偷瞄我會如何解決眼前這碗飯，這飯可真「難」吃下肚啊。想了許久，我最後還是動手吃下了這碗飯，而旁邊的師兄驚呼我膽子真夠大，被老頑童這樣一說，我還吃得下去。

「我把飯吃完，牛肉沒有吃，不然整碗飯不吃太浪費了！」，這飯吃得我差點變過街老鼠，人人喊打。

從那一餐之後，我就開始不吃牛肉了。深知我喜歡吃牛肉的朋友，知道我不吃牛後，每個人都覺得不可思議，尤其我還會烤碳烤牛肉，甚至我還特別帶朋友去吃日式料理店的生牛肉，我這麼愛吃牛肉的人，怎麼可能戒掉牛肉，大家都覺得我撐不久，在牛肉的誘惑下，我一定會破功的，但，我讓他們失望了，至今，我還沒再吃過牛肉。

老師沒交待我要吃素，也沒有要我戒吃牛肉，一切都是自己的選擇。我也想過，如果當初拜師要我吃素的話，我應該會瘋了吧，九點九成一定會偷吃葷，那零點一成會吃素，一定是店家肉賣光了，逼不得已的。或許祂們真的把我摸得很徹底，用強制性的規定，我絕不會去遵守，除非我心服口服，否則還是沒用，只會造成「師生」糾紛。

第六章　打坐與調體

我學打坐時，是一位師兄拿著白板，在上面畫身體的剖面圖，教我如何去冥想「氣」如何走法，說真的，這需要一些想像空間。在師兄諄諄教誨如何打坐後，剩下的就只能靠自己了，雖然當下我有聽沒有懂，但管他的，大不了就坐著睡覺，頂多流口水被發現。

第一次打坐，我以為會看到老師拿著教鞭出現，或是看到其他神明的出現，但其實什麼都沒有，空空的一片，就只是閉眼…吸氣…吐氣…，靜下自己的思考，就這樣重覆這幾個動作，剩下只是感覺到自己腳麻，或是那邊癢，沒看到別人或是書上說，會看到光，看到什麼影像的，所以我認為我不正常了，果然我不是百年難得一見的武林奇才，就算拜完師，也一樣什麼都看不到！而我看不到只能說自己沒有天賦，但令人生氣的是，閉上眼，反而別人的聊天內容聽得更清楚，真不知我是在打坐，還是在偷聽別人聊天！

打了幾次坐後，我突然有了所謂的「感覺」。

不曰：

打坐，不是一定要看見什麼，也不是會得到什麼，別想得太神奇，單純讓身體安靜休息，調整生理循環，循環一好，身體當然就健康。

調體，是調整身體，不是要讓你起駕辦事，只是藉由大能場的能量，來幫你疏通筋脈，所以會有一些大動作，或是奇特的姿勢出現，不是要你跳起來當神明的代言人，或是操五寶當超人。

那打坐一定要坐著嗎？其實你只要夠安靜與穩定，姿勢已經不是那麼重要。

你也可以坐在辦公椅上，用個幾分鐘的時間好好調息，而不是執著於打坐的形式。

那為什麼現在打坐，卻都是坐著呢？我自己有幾個不同的想法。坐著，有可能是氣脈通暢的姿勢，可能也跟一些儀式有關。另，當你以坐著的姿態出現，別人看到會認為你在打坐，而不敢去打擾你，甚至保持周圍安靜。

通常開始打坐前，我都會先磕頭請老師等會護持[2]，那一天我在磕頭時，感覺一股力量將自己往前拉，以前頂多是左右搖擺，但那天那直接往前拉的力道嚇到了我，我以為我要被拖到地下見老師了，我趕緊睜開雙眼才抵消了這股力道。由於現場沒有其他人，所以無法問有沒有人看到我剛剛的動作。難道我在夢遊嗎？還是我精神分裂？可是我被往前拉的感覺，卻又那麼的真實？難不成我腦袋秀逗了？

打坐不久後，我覺得丹田那邊悶悶的，想說可能壓到胃，於是調整了一下姿勢，再繼續打坐。幾分鐘後，我的身體開始呈現小小的前後晃動！

「怎麼會這樣？地震嗎？還是我連續放屁不自覺？」我有些害怕！

接下來我前後晃動變大，大到還一直撞我身後的牆壁，乒乒作響。過不久，晃動就停了下來，但卻變成左右的身體晃動，動作也一樣愈來愈大。此時心中想笑又不敢笑，想笑的是，自己終於有感覺了，我好像跟神明搭上線了，不敢笑的是，我無法控制住那股力量，但更糟的是，我根本不知道這股力量是從那裏來的，我壓根沒想到要讓自己的身體動啊！就在這悲喜交加哭笑不得時，晃動停止了，我鬆了一口氣，以為可平復一下剛剛受到驚嚇的心情，沒想到身體突然來一個逆時針方向的旋轉，而且晃的力道比之前的更大。

2 當你在打坐的時候，最好是召請老師的能量來幫自己，這樣可以避免一些不必要的干擾，讓你與周遭的磁場比較穩定。

「是不是老師來找我，有的話還請示意一下！」，我緊張的發出求救訊號！

沒有請示的念頭還好，一有，逆時針旋轉的力道瞬間加劇，像是頭文字D的甩尾，我搖到快坐不住，我嚇死了，我只能順著這個力道一直旋轉，我覺得我死定了，我要變成我外星人了，我要起駕了。而我都晃成這樣子誇張了，怎麼都沒有人來救我，人都跑去那了？經過一段時間後，身體的晃動終於靜止了，我心裏一直在問是不是打坐結束了，但一直沒有回應。終於我忍不住，睜開眼睛趕緊站起來，深怕等會又一個連續甩尾動作，我又掉進了可怕的旋轉地獄！

在打坐的這些晃動中，我是有意識的，知道自己處於那裏，卻無法控制自己，感覺像被催眠，也像電影常看到人被隱形的鬼整的畫面，我很怕自己的身體，會突然作一些莫名其妙的動作，而我卻無法向旁人解釋，會被當成瘋子。但矛盾的是，在我心裏害怕的深處，卻有種久旱逢甘霖的喜悅，好像晃動才是對的，晃愈大，表示自己愈強。

在打坐晃動之中，我感覺不到時間與空間的存在，像是浮在空中，處在一個廣闊無垠的象限裏。晃動旋轉中有不知名的舒服，像是隨著一股自然能量在奔騰，像是自由，像是解脫。

不曰：

打坐看不見什麼東西，才是正常的，就算你在打坐中感受到能量，祂們也只會是個光，而不是「相」。

打坐會有晃動是很正常的，但不是每次都是必須的，如果一直想要有這種感覺出現，極可能會陷入自己的幻想中，就像你一直「想」看到什麼，最後可能會掉進自己所創造的幻境中。

晃動是代表有能量進入體內，它會順著某個軌道，在調整你的身體，但因為身體的氣脈會有所阻塞，所以能量變成會自己找「路」流通，最後由內而外變成一股牽扯自己晃動的力道。所以晃動不代表真好，是因人而有所不同！

不能在家裏打坐與念經，這句話大家應該常聽到，但真的是這樣嗎？其實只說對了一半，初學打坐或念經，因為本身的磁場不夠穩定，所以容易受到影響，這影響可能是外在，也可能是內在。

但廟是一個穩定的磁場，可以去除外在的「影響」。反之，如果當你磁場夠穩定時，當然就可以在家打坐或念經了。而不是你的老師不夠力，在家保護不了你，因為通常不夠力的都是自己。

有人會請高人來設結界，有用嗎？有！但，也會失效！就算你請的高人做了很強大的結界，如果你不夠相信，心無法與結界呼應，結界也是會慢慢瓦解，別人可能可以用一年，你可能三天就沒有了。與其如此，不如好好調整自己的心還更有用。

打坐，已經變成是我例行性的功課了，雖然當下覺得很無聊，也坐不太住，但還是遵守著師尊們的「關愛」，不敢荒廢，我也不敢想像荒廢之後，會有什麼下場。但我真的太想要「感覺」了，因此，我創下了九華殿的一個不世創舉，說出來大家可能不相信，因為我打坐可以坐到尾椎磨破皮，這很匪夷所思吧，但這卻是事實。因為太想要的念頭一直去不掉，所以在一次打坐中，老師就一次給個夠，當時的座墊材質，是用榻榻米的，讓我晃到爽快叫不敢，看我還敢不敢亂要。當天回家洗澡，被水淋到的破皮尾椎，痛得我在心裏亂叫。到現在跟別人聊起打坐會磨破皮，都沒有人要相信，因為，太誇張了，那根本是周星馳的電影才會出現的情節。

在九華殿聊天，聽著師兄姐們聊起另一種功課—調體，我好像又被吸引住了，因為你可以動，不用再坐著發呆，但正確來說，調體會有較大神明的能量加在你身上，哇，這可夠威了，神功護體，我怎麼可以不試試呢！

第一次調體，很興奮，好像第一次約會一樣，既期待又怕受傷害。但事實證明，傷害成份比較多，因為第一次調體，我只是傻傻的站在原地，眼睛閉著，聞著濃濃的檀香，身體頂多只是前後左右晃了幾下，沒有師兄姐所講的動作，這比打坐還更無感，我的心又受傷了，原來神明連碰都不碰我。

「沒那麼快，每個人被磁化的程度不同，可能要試好幾次才會動，不用急！」，『誰理你』這樣安慰著我。

於是，我只能說：「調體尚未成功，同志仍需努力！」

我在調體時，雖然我沒動，但其實周遭都有師兄姐在看著，以防我一動起來亂撞會受傷。我還記得第一次動的時候，跌跌撞撞，像個失能的老人，連路都不會走，最後還走去撞牆。但當你身體動的那一剎那，你會覺得不可思議，怎麼可能會發生這種事，誰進來控制我的身體？種種的現象，都會打破你自己身體裏，不是只有肉體的存在感，所以更加深了能量確實存在的觀念。而我也很興奮，終於我也會動了，不再是原地發抖的木頭了。

『誰理你』說：「你會不自主的晃動，會是做一些伸展操，甚至還有可能會跌倒，這一切都是正常的！」

你會發現身體裏，有一股你沒留意過的力量，這股力量若有似無，明明不是你叫「它」動，但「它」卻真的自己動了，一些你從沒做過的姿勢、力道、表情，這時都可能會出現，你更確實的感受到那不是自己在動。我很怕，因為「自己」竟然不受控，感覺像被外掛程式侵入身體。但我又很興奮，因為我與祂們接上線了，真的，這感覺比打坐所感受到的還強烈，好像你只是一層皮，祂們在裏面控制。

曾經有位朋友，用西方的方式來呈現，他用音樂，教我們跳能量舞，身體與腦袋不用預設要用什麼舞步，放輕鬆，身體就自己會動了，當下各種動作也是能量的傳遞，讓身體配合著能量做律動，想像不到的伸展，連閉上眼睛，也可以與其他人做動作上的配合，就是那麼的有「默契」，不會被對方打到。而這樣的方式其實也算是調體的一種，只是它並沒有冠上「神名」，單純稱為能量，讓在其中的人不用被「神名」所綑綁，盡情的享受能量的流動與共舞律動。有一次我自己放音樂在跳能量舞，眼睛一閉上，身體就開始律動，而且會配合著音樂，忽大忽小，忽柔忽剛，甚至有時候感覺像在跳芭蕾舞，而且我放得還是布袋戲的配樂，不是心靈音樂，夠衝突混搭吧。

不曰：

調體，很吸引人的一種「運動」，因為很多人都認為這是一種起駕，但，不是，它是調整身體的一種方式，只是用「動」的方式來進行而已。很多人非常喜歡這個方式（包含我自己），會認為自己與眾不同，認為自己可以接續能量場，但錯了，其實每個人都可以，自己並沒有與別人不同或特殊。所以千萬別以為自己是個特異功能人士，這就像拿筷子一樣的平常。

由於身體的氣會因各種原因而阻塞，能量場能探知那邊的氣路不順，所以藉由動作來打通，就像如拉筋一樣，差別在於祂能感受到細微的地方，人則無法知悉。

在調體時雖然身體動了起來，但千萬別自以為是，以為自己是祂們的代言人，說穿了，祂們只是讓你用身體感受到能量的傳遞，而不是讓你神格化，變成神。會「動」，在了解完原因後，一點都不神奇。

我的老師曾經問我：「我為什麼要調體？」

當時我回答不出來，因為我被「想要」獲得不一樣的能力所迷惑，所以當時我有一段時間都沒調體上課，因為我的「心」偏了，如果沒解開，只會害我愈來愈迷失。我太想要了，除了想跟其他師兄姐一樣，還想要藉此神威「鏟奸除惡」，解救眾生，但不管是多麼冠冕堂皇的理由，都已經讓「心」有所偏執了，最後只會愈來愈失衡，扭曲了祂們的善意。與其讓你會走偏，不如當下就馬上切斷，重新調整。所以那一陣子，我落寞了好久，心想我會不會被老師開除學籍啊？

大家或許有看過進香，有人起駕很威風，老師為了想滅我這股潛藏的「神氣」，我有好長好長一段時間的調體，都是在地上滾兼翻筋斗還撞牆，看自己還神不神氣的起來。真的，我是真的在地上滾還兼擦地板，我調體可以躺在地上像抽搐一樣，不知情的還以為我羊癲瘋發作。有一次我是打坐的姿態坐著，但突然身體內就生出一股力量來，我就直接往後倒，我的背就這樣硬生生的撞在地板上，只要我一爬起來坐著，我就又立刻往後撞，而且還一次比一次更大力，好像我的背是鐵打的，祂們都不怕玩壞我。最後我可能也開始覺得沒力氣，身體就放軟不去抵抗，我就直接往後翻了筋斗，整整翻了三百六十度的一圈，然後我就這樣一直往後翻筋斗下去，直到我沒力氣。天啊，這是在折磨我還是訓練我？我快被玩死了！我又不是國家體操代表隊！

什麼樣的力量，會把坐著的自己，整個往後翻過去呢？就算我自己想這樣往後翻著做，我還翻不出像祂們玩我那樣的順。如果我再覺得沒有神，那我就應該要去掛最嚴重的精神科了，因為我還會莫名其妙的往後翻筋斗，無法自己控制自己。

我調體也會在地上，從東邊滾到西邊去，再從前面滾到後面去，你想的到的地板動作，我幾乎都做過，包含街舞的旋轉鐵頭功，而且我還沒有戴安全帽，厲害了吧，調體調到像在練街舞。在一旁的師兄姐都覺得很困惑，難道我的身體壞掉嗎？還是這是從地下來的特徵？怎麼我的身體永遠離不開地板，無法站挺住？

那一段在地上打滾的時間我很迷惑，也懷疑自己是不是被其他靈體入侵，但每次擲筊確認，都是老師的能量沒錯，可是我的內心卻一直在受傷。因為我怕被看不起，怎麼老是在地上滾，難道真的是從地下來的，所以這樣才會跟老師比較親近嗎？還是身體比別人差，所以才像機器人秀逗亂撞亂滾。

我這一切的情緒反應，都是自己「愛面子」所引起的，因為如果祂們不這樣消掉我心中的傲氣，怎能調整我的心性。這樣「落漆」的調體，就算想「神」氣也神不起來了，「氣」倒是會有一大堆無處發。所以祂們也不管我能不能接受，就讓我繼續做這樣連滾帶爬的訓練。就這樣不斷打滾的調整，我漸漸就像泡麵的廣告，變成「小明」，我終於站起來了！雖然走路還顛顛的，但我真的站起來了，不用再變成「多爾滾」了。

不曰：

之前調完體，總是會嘆氣，為什麼我都躺在地上「擦地板」，當走了一段路再往回頭看，才知道這一切都是祂們的苦心。不這樣做，怎消去我心中的傲氣，不這樣做，怎能調回該有的正確心態。如果我學不會其中的道理，倒不如將我收掉，免得將來危害別人。

我會躺在地上，還有一個原因是身體的氣脈未通，也就是所謂的體虛，如果能量強灌進身體的話，身體會受不了這超出負荷的載能，最後只會弄巧成拙。

我雖然以「道」（不是指道教，指的是自然道理的『道』）的方式起修，但祂們一樣同時在幫我修「心」，這跟佛法一樣，「心」才是關鍵，「心」沒修好，任何方式只是助紂為虐。以「佛學」方式習修的人，會先修「心」，雖然效果自己一時之間可能無法察覺，但經修行積累後，蘊底是很豐厚的。道為用，佛修心，佛道可雙修，沒有那個比較好，只是看當下自己適合那一種？

由於每個人的體質都不一樣，都是獨特的，所以調體呈現出來的狀況也會不一樣，所以也不用去「學」別人的動作，因為你不是他，他也不是你。

我們常看別人動作久了，身體就會不自覺的學對方，萬一有什麼動作或是程序不是跟對方一樣時，就會認為自己錯了或是不正常，這樣就多想了，

這也是著相，著了別人的相。

打坐與調體，其中有極大的相關聯性就是拜師！當你在打坐的時候，最好是召請老師的能量來幫自己，這樣可以避免一些不必要的干擾，讓你與周遭的

磁場比較穩定。而且這樣你才能知道，你所收到的訊息是從那邊來的，因為當你可以收到老師的訊號時，代表你也可以收到其他「靈」的訊息，所以更要確定訊號源從何而來，否則到最後會亂掉，除非你能像水果日報一樣，專門是在處理這些消息的。等你的磁場漸漸與老師的能量場對好頻後，以後彼此的訊號收發就會快速多了，你也能確定訊號是從那邊來的，心裏也就會安穩多，不會再懷疑東懷疑西的。

我曾經也被魔調體過，當時的過程很詭譎，所有的動作、力道，都很像老師，但自己的內心，就是覺得有不對勁的地方，就是說不出來的怪。本來還想說算了，可能是自己今天身體狀況不好所引起，但最後我還是拿起了筊，問問老師剛剛調體，到底發生了什麼事！

結果一問，原來剛剛來幫我上課調體的並不是我的老師，而是魔！怎麼會這樣，我是走火入魔嗎？還是做了什麼天打雷劈的事，否則我怎會引魔入體呢，況且我還在廟裏！我頓時心中很火大，恨自己怎麼會吸引魔來，更氣老師怎麼不提醒我，就讓我這樣與魔共舞，而且還在供奉眾神明的大殿上，我這不是找死嗎，感覺就像在大殿叫神明來打我一樣！而祢們全部的神明，像是在看我耍猴戲，沒有一個出手相救的，虧我還幫祢們換敬茶又擦桌子，在我危險的時候，竟然不出手相救，我已經氣到不知該說什麼了，又不敢罵神明，我只能悶在心裏氣難消。

過幾天，等到我氣消了之後，我再上去大殿擲筊「質詢」。

原來，我錯了，這一切的過程都是祂們所安排，不是看我在殿前耍猴戲。祂們在測試著我是否夠「穩定」，可以察覺在調體中不對的地方，而不是沉浸在能量中，被能量的快感牽著鼻子走。祂們隨時在你想不到的地方，做「品管」測試，幸好我膽子小，察覺到不對勁的地方，趕緊擲筊問，否則差點就要被砍掉重練了，我佛真是慈悲啊！也幸好，我修養好，當天沒有對桌上的神明破口大罵，否則真的吃不完兜著走了！老師，你也玩太大了吧，我命只有一條，而且生命值還常常補不滿，別這樣一直玩我！

有一位友宮的師兄，他拜了一位女性神明當老師，但他上課的廟，主祀神明卻是男性。所以他用上課調體時的動作，來區分上課是那一位神明。動作柔一點，就認為是女性神明，動作剛強一點，就認為是男性神明。但他有好幾次上完課，去擲筊確認今天誰來調體上課時，卻都擲不到筊，讓他產生很大的疑惑，認為自己有問題，也讓自己思緒愈來愈亂。

不曰：

誰來上課？這很重要，因為初期你無法分辨訊號與能量的來源，一樣是能量場（神明）的訊號，頻波卻會因為不同能量場（神明），而有所不同。雖然在廟裏很安全，但初期還沒跟你學習的能量場培養好默契，所以你就必須擲筊去問，這次是那個能量場來教你，這樣你才會愈來愈了解與自己相應能量場的

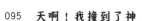

頻波，調頻的精準度才會愈來愈高。

只有你拜師過的能量場，才可以幫你上課嗎？那可不一定，因人因事而異。我就有一段時間，被太子爺抓著不放，連閻羅老師想傳訊息給我，我都還收不太到。因為當時我必須快速熟悉太子爺的頻波，所以祂就先不讓其他能量場佔線使用，讓我在最短的時間就可以適應。

學校有時候會有代課老師，祂們上課也一樣，但不是祂們沒空，而是依你現在的狀況，祂們找最適合你的能量場來幫你上課。比如你拜的能量場是FM100的頻率，但你現在的頻率可能是FM60，如果祂以FM100來教你或接觸你的話，你可能會收不到訊號，甚至會產生不舒服的感覺。所以祂會循序漸進，先請你較容易適應的能量場來教你，等到你可以調成FM100頻率的時候，祂就會「親自」上課了！

第七章 卸因果與拜懺

廟裏有人擲筊很正常，但你看過一個才幾坪不到的空間，竟然同時有八九個人一起在擲筊，感覺好像可以從筊中丟出個黃金珠寶出來，甚至自己的筊還會跑到別人那邊去串門子，而筊落地的聲音此起彼落沒停過，連大廟都比不上那節奏，當時多人齊擲筊的奇景，到現在還是為人所津津樂談，就像男生一直在講當兵的事一樣。

話說有一天，突然宣布可以進行卸因果與拜懺，當時大家聽得一頭霧水，那是什麼東西，用來吃的嗎？還是新版的法會？在經過『誰理你』解釋之下，才知道卸因果，是請與自己有緣的神明，幫自己暫緩因果的追討，那換句話說，是不是有神明當靠山，欠債可以不用還囉？大家聽到這樣利多的好消息，兩步併一步，趕緊到大殿擲筊來進行卸因果，深怕一錯過這個時機，利多變利空，馬上被因果套牢。

雖然已經有拜師了，而且一次還十個，但靠山愈多愈好，而且還是神明，我整個心都飄了起來，感覺走路都會有「神風」，還香煙裊裊，後面背著數個「老大」，有「神」罩著，看誰還敢來討債。人，果然是貪心的，在這樣的利誘下，平常嫌擲筊麻煩的人，也都爭先恐後的要擲筊，除了怕錯過天賜良機外，還要搶筊，這厲害了吧，搶到沒筊可擲。平常練習擲筊，大家可都沒這麼勤快，這次擲筊擲幾個小時，大家都沒再喊累，甚至還排班預約筊的使用權。

不曰：

卸因果，並不是找能量場當你的靠山，讓你所有的因果都變不見。

你可以想像自己身上有一些負能場，如影隨形的跟著你，所以你無法順利習修。能量場藉由卸因果這個儀式，讓這些負能，先「暫停」干擾你，而讓你自己可以好好習修。能量場就像是個保人，祂擔保你，所以在這停止干擾的期間，自己的功課要做勤，福田更要好好種，因為負能只是先不干擾，不是有能量場會願意幫你處理掉，自己欠的債還是要自己還，天下沒有白吃的午餐。

有一次『大歪』的支票快到期了，但原先有人該給『大歪』的款項，並沒有如期匯到，這讓『大歪』很苦惱會因此而跳票，於是『大歪』求助於神佛，希祂們可以幫幫忙。當時神佛是答應了，但『大歪』還是想不出祂們會怎麼幫，因為那支票的所有人，對金錢的來往是很非常小心謹慎的。結果支票到期了，對方竟然沒有如期領款，這讓『大歪』度過了跳票危機。事後『大歪』問當事人，依他的個性，怎麼沒有如期領款？原來當事人要領款當天，在保險櫃裏找不到『大歪』的支票，連會計也找不到。沒想到過幾天後，當事人竟在他的書裏，找到那一張被遺忘的支票。

神佛並沒有介入你的因果，讓它終結，只是幫你爭取到時間，所以「果」最後還是自己承受。坊間若有「人」自稱可花錢可替你擋業力，那你就要三思了！連佛力都擋不了業力，更何況是人呢？

到底有那些神明可以幫自己卸因果呢？這真的是大哉問，大家完全是一個「莫宰羊」，無從問起。接收訊息較順暢的師兄姐，可能會感應到有那幾位神明，但對一點FU都沒有的我，可是啞巴吃黃連，有苦說不出啊！我除了幾個天界的大佬先問之外，剩下的真的是亂槍打「神」，怎麼說呢？沒FU，又不想一直跪在地上，所以只能在供桌上的神明從左問到右，再從前問到後，一個一個土法煉鋼的問，但這樣就可以甕中捉「神」，萬無一失了嗎？那就大錯特錯了！祂們會讓你問到天荒地老，永遠收不了工。

比如我已經問出來有幾位神明，願意當自己的保人，那為何廳上叫得出名號的神明問過一輪外，還是沒有湊足「神」數呢？問一輪了，數目還是有少，跟之前問到的數不一樣，難道我被神耍嗎？還是，是「神」誤，祂們給錯筊了！我再重問一次，還是一樣的總數目，但我廳上的神明就已經問過好幾輪，怎麼還是湊不到總數目，這下糗了，我會不為因為作惡多端，神明又不直接拒絕，所以給我這一個善意的謊言，讓我繼續擲筊，擲到我自動放棄呢？祢們會不會太愛玩我了？我是個初學者，該給我一些優惠吧，不然我怎麼還有信心繼續學呢？誰可以來解救我這個微不足道，痛苦萬分的蟻民呢？

『誰理你』跟大家說：「不要著相，用心去感覺有那些神明，是跟自己有緣的，從祂們先問看看！」

天啊，供桌上還有看不到的，那不就跟阿飄一樣，啊，不，是茫茫「神」海，我要怎麼去撈「神」呢？難不成我要從南天門，一路問到蓬萊東路嗎？一想到跟我有緣的，不會是牛頭馬面，還是七爺八爺吧？還是「地藏王菩薩？難道是住泰山的「東嶽大帝」？我幾乎快把地下組織都挖出來問一遍了，就是沒問到。就在我萬念俱灰，覺得沒神要時，突然靈光一現，想到了幾個名字，二話不說，死馬當活馬醫，直接問，賓果，中獎了，筊直落三（三個聖筊），起來，尿尿，喝茶，收工。

不曰：

其實能量場無所不在，你在面前雖然沒看到，但祂們是有「駐點」的，所以「像」不在，不代表祂們不在。有些人，從小就莫名的會對某些能量場感到熟悉與溫暖，這很可能是那些能量場，就小就開始在你身邊守護你，在西方，有些人稱為守護靈。

靈光一現，大家很熟的詞，但這靈光怎麼來呢？在學習擲筊的過程，常會問到無題可問，就在腦筋一片空白時，就會浮現「靈感」，這是因為腦筋當機時，沒有人為意識，能量場傳遞的訊息較容易被讀取到，所以自己才會好像突然收到訊息，其實祂們早就在一旁傳遞N遍了，都是自己不夠穩定，所以才一直沒收到。

而一般坊間流傳，擲筊問神最佳時間點在早上。這觀念大部分是從陰盛陽衰的觀念演化而來。其實只要心誠，隨時都可以請教神明。

以為就這樣卸因果打完收工了嗎？那就太小看九華殿了，那有這麼好康，不勞而獲的事情。問完有那幾位神明願意當自己的保人外，接下來才是重頭戲，因為你自己還要承諾，如何調整自己去種福田，總不可能空口說白話吧，神明會有那麼笨嗎？

哀號遍野，這就是接下來的悲劇，是大慈悲的劇，大家可別誤會喔，不然會被修理的。那到底要如何調整自己呢？這又是另一個大哉問了，每個人不一樣，當然方式也會不一樣，於是，有人就開始發願了。

「我不吃肉一個月！」

「我念○○經四十九遍！」

「我戒菸！」

「我連續打坐一個月！」

各種奇奇怪怪的願，都在這時候跑出來。愛吃肉的，發不吃肉的願，人生痛苦，莫過於此。一個個擲筊的人，都陷入苦思，因為筊想要直落三，可沒那麼簡單，筊可是硬的很，別想矇混過關。有師兄姐怕願發得不夠虔誠，擲不到筊，還一直往上加碼，比如不吃肉一個月，加碼到不吃肉一年，我聽得都膽顫心驚，一定要玩這麼大嗎？那我這沒神緣的，乾脆把自己捐出去，去廟裏當和尚好了！

不曰：

卸因果所承諾要調整自己的方式，並不是交換。你會發現到最後有三聖筊的答案，受益者都是自己。念經受益的是自己，打坐受益的是自己，吃素受益的還是自己。祂們要的只是你如實的去調整自己，而不是要從你身拿走什麼東西。所以一些超過自己能力所及的調整改變，是擲不到筊的，畢竟祂們也不收芭樂票的。

出來跑的，總是要還的，這句話一點都沒錯。自己以前如果「匪類」，那卸因果的答案，那就可想而知了。以為是卸因果是利多大放送，沒想到這糖衣後面還藏著苦頭。

調整的方式都問出來，那可以收工了吧！不，我們又中獎了，因為我們只完成一半的程序，後面還有拜懺要完成。經過一番折騰，聽到還有程序沒做，心裏是大驚，而且又是沒聽過的新名詞，接下來又會怎麼被玩呢？想抽身中途下車，也不划算，我願都發了，敢不做嗎？這真是進退兩難，誤上「神」船，想逃也逃不了了！

原來拜懺是要念一百零八遍的大悲咒，這那有什麼難呢？花時間就可以解決了，頂多少打幾場遊戲。但拜懺的念的大悲咒，可沒這麼隨性自在，因為每念完一次就要磕一個頭，而且最好是多人一起念較好。那無法一次念完一百零八遍大悲咒怎麼辦？那就自己擲筊問，看可不可以分期償還。

大悲咒，又是一個難搞的經典，除了是梵語發音外，還很長，光看就頭大，而且我還沒念過，我在拜懺前，還自己在家偷練個幾遍，免得到時拜懺拖累了別人。但事與願違，不是我這個凡人可想得到的，因為到了現場，就完全就不一樣了。怎麼說呢？因為大家的發音不盡相同，剛開始聽不太懂大家念到那了。還有大家的節奏也不一樣，中間還會變節奏，感覺像是在唱 R&B，然後還要跪著念，這下全身骨頭都要散了，等到一百零八遍念完，大概花了四個小時多吧！

不曰：

為何多人念比較好？這樣願力比較大嗎？在念大悲咒的過程中，你會發現自己會愈來愈浮躁，為什麼？因為你會覺得別人跟自己不同調，為什麼別人不能配合自己去念。而這樣雜亂的念頭，在拜懺進行中，常會跑出來擾亂自己。但別人何嘗不也是這麼想呢？那到底是誰要配合誰呢？一起拜懺，只是讓你多練習一個同理心的機會，藉由這樣的過程，來調伏自己的心。如果連這樣小小的過程都無法克服，那還談什麼習修呢？

第八章 原來這是進香

2008年，是我第一次進香，我看到一群人堅毅的精神，還有勇往直前的魄力，讓我為之動容與流淚。

以前對進香的看法就是，以拜拜之名，行到處去玩去買名產之實，是一種年紀大的社會群體行為，可能會有阿公阿嬤帶孫子的畫面出現，是唱卡拉OK的好時機，更會有比誰買的仙丹靈藥比較好的角力事件發生，最後去那幾間廟，可能也都不記得了，但只要說起廁所使用狀況與位置，可是有如多核心的電腦處理器，又快又準。

其實進香不是我之前所想的，是獨具意義的。

進香，套用人類的行為來說，可以說是到好朋友家做客，而進香前所送的香條，就像是請柬。但進香對「當事者」來說，是一個嚴苛的考驗，考驗你與老師的信賴與契合度，而那個當事者，就是我們所說的「乩身」。一般人可能認為操五寶[3]與踩炮堆，是神明展現力量的「特技」，證明真的有神，其實這有更深遠的意義存在，也就是進香的精神「信賴與無懼」。

平常的修持，除了是穩定自己外，就是在增加自身的能量與持續力，但老師教久了，總要考試驗收吧！所以進香，可以說是一種「體育」考試，有時可能考一百公尺賽跑，也有可能考三千公尺耐力賽。在進香時所做的操五寶或踩炮堆，是自身能量場與外在能量的抗衡，看你自己可以把自身的能量撐到多大來抵抗，而使自己不會受到傷害。比如在踩炮堆時，鞭炮的灼熱度、大量嗆鼻的煙、瞬間產生的風壓……這些都是考驗，剎那間的內外能場抗衡，可是關乎

3 操五寶：五寶是七星劍、銅棍、鯊魚劍、月斧、刺球，不同的神會有不同的使用順序。是老師考驗弟子的一種方式。

自身的安危，平常如果荒廢，那就準備當紅燒豬頭了。而坊間有些專業進香人士，是以自己的意志力，來做搏命演出，那忍痛功力真的很強。

進香前，有沒有什麼準備功課呢？當然有！乩身要訓乩做調整，尤其是武駕的乩身。『小前鋒』是屬於武駕，加上很久沒調整身體，所以約莫進香前一個月，就要開始上課訓體。但那時候『小前鋒』早上要上班，晚上要到學校上課，所以只能從中找空檔做訓乩。據『小前鋒』說，當訓乩時間快到，又還沒趕到九華殿時，整個人會覺得暈暈的，那時就得加緊腳步趕路了，不能亂摸魚耽誤時間。有訓乩這麼好玩的事，我怎麼能錯過呢？所以『小前鋒』訓乩時，我都會到場看戲，啊不是，是到場幫忙。

第一次看『小前鋒』訓乩，一點也不威風，跟我之前想的落差很多，本以為會有「神威」畫面出現，但沒有，只有柔軟體操的出現，只差沒配上范曉萱「左三圈右三圈」的歌而已。不過大家最期待的是『小前鋒』訓乩完未退駕的時候，因為有時候『小前鋒』會講話，感覺可以與神搭上線，所以大家很興奮。

雖然我會講台語，但『小前鋒』發的是台語娃娃音，我根本聽不懂，所以只好透過『誰理你』來當翻譯，一搭一唱，雞同鴨講，很有趣，甚至有時候還會偷偷洩露『小前鋒』，在學校或公司的糗事給我們聽。

小知識：訓乩的重要性

就算乩身之前有被訓練可以接受較大能量場的引導，但由於沒有常做「大比例」的能量舒導，所以身體一定會不適應或阻塞，無法一次給與大能量。所以訓乩一開始，還是會先導通氣脈，一些像伸展操之類的動作就會出現。如果氣脈沒通，大能一灌，搞不好自己會「爆管」。

在進香的遊覽車車上，除了北部那一段路程我有睡著外，其餘的時候我睡不著，因為體內有種興奮與落寞的感覺在互相激盪。我興奮的是可以參加真正的進香，一切都很新奇，落寞的是，總覺得這趟進香我搭不上邊，好像有我或沒有我都沒有關係，再加上我跟很多人都不熟，我很懷疑我到底是來幹嘛的？

所以一路上我就睜大眼睛張大耳朵，搜集情報，以免自己到時出糗。

我看到『小前鋒』、『誰理你』、『哆啦』、『後衛』一派輕鬆，感覺好像身經百戰，據『誰理你』的描述，這一次的進香安排還算好，她們第一次跟老頑童去進香時，那才叫操到爆。原來當初她們去進香，進香的廟都以南部為主，尤其在台南，有些廟根本就是在隔壁。乩身們就像演員一樣，進到廟下車，馬上就起駕準備進香，一進完香，就趕緊退駕休息，但台南算是一個「嚴峻地形」，車上的椅墊都還沒坐熱，馬上就到下一個進香的地點，馬上又要起駕。就這樣在快速的上駕與退駕中，就像汽球一樣，一下子汽被充飽到不行，一下子汽又被洩得一乾二淨，所以每個人都累得氣喘如牛，全身都虛掉了。幸好這一次進香的地點都有一段距離，所以沒有當初的進香「夢魘」，大家就輕鬆了許多。

一般有乩身的進香會有開路者，就像是球賽的前鋒，如冠上神之名的話，通常會是太子爺的乩身，或是一些「武將神」的乩身。為何進香需要這樣的陣仗呢？因為這也算是乩身的成績驗收，只是考核官是該廟的神明，而不是自己的老師，一切公平公開，沒有私情。而這也是一種禮數，表示尊重，而不是比陣頭大小的競爭。

起駕很神嗎？當時我覺得不只神，還很威！但事後我才知道，服務的工作人員比乩身還重要。因為如果沒有一旁的工作人員幫忙，起駕的人也沒多神，除非乩身可以自己穿衣服，自己輪番拿法器上陣，但你有看過「一神」獨秀，校長兼撞鐘的乩身嗎？

當時我是當『後衛[4]』的服務人員，幫他穿神衣時，我可是很緊張，因為我沒幫穿過神衣，連將神衣打結不鬆脫的技巧，還是當天現學現賣的。我很怕神衣沒穿好綁好，萬一路走到一半神衣掉的時候，我看整排隊伍的人都會想殺

---

4 後衛：在整個進香隊伍中，除開路者外，還會有一位能場較具足者殿後，以護住整個隊伍的能場。

了我，『後衛』的老師，一定會記我記上一筆，直到海枯石爛，至死不渝。除了穿神衣外，我還要遞五寶，五寶也有遞的順序，但我又沒通靈，我怎麼知道『後衛』要那一個五寶先上？而且我還要在『後衛』劈完五寶後，趕緊站到他背後噴酒消毒，幸好我沒被祂們失手K到，不然這醫療費不知道要找誰出。我有好幾次遞錯五寶時，『後衛』會搖頭示意，來告訴我拿錯東西，只不過當時我覺得搖頭可還有另一層意思：「這個服務人員真不行，可不可以換一個？」

進香就像是一場協力賽，就像線上遊戲揪團打王，打的是團體戰，不是「明星」戰，大家各司其職，當戰士[5]的當戰士，當補師[6]的當補師，大家互相配合，才能把「王」打倒，順利「做客他廟」。

雖然我不是「乩身」，但光在遊覽車上一路聽人在講，當日終點站會很硬，那緊張氣氛一直被累積著，而且刺激中帶一點興奮，為什麼我也會覺得興奮？

因為我想知道到底是多「硬」，是「硬」在那？「硬」在廟的木門嗎？直到走到廟門前的那一刻，事實證明，廟門真的很「硬」！

「當你面對前所未有的恐懼，你會選擇勇往直前，還是臨陣脫逃？」
「當你站在炮堆前面，你會不會退縮，不敢前進？」
「當你要用尖銳的外物刺向自己的身體，你會不會害怕，不敢下手？」

如果你跟我說，等會要踩炮堆，我一定先跑，尤其還是大炮堆，不是零星幾串而已！

在前面幾間廟，進廟門前會先放鞭炮，但是那種將鞭炮結得長長的，最多是分好幾路線在放。但當天到終點站的廟門時，我看到一箱箱的大龍炮被搬了

5 戰士：會被神明上駕的乩身。
6 補師：在乩身旁服務的工作人員。

出來，當時只是想說鞭炮會結很長，搞不好會排出什麼特殊圖案，沒想到竟然是將所有鞭炮堆成一圈，堆成一個人可以站進去的寬度的圓形。天啊！這是「跳火圈」的進階版嗎？這會出事吧？真要這樣搞嗎？萬一出事怎麼辦？我心裏OS不斷，這真的太可怕了，我以為應該只是充充場面，應該不會玩真的，但真的是玩真的，大龍炮加的毫不手軟！

就在我懷疑滿天飛的時候，『小前鋒』就這樣跳進炮堆裏，在我還來不及想像下一個畫面時，炮就「自動」的燃了起來，炮聲震天，煙霧瀰漫，我在後面看到一臉驚愕，如果我下巴真的能掉下來，當時我就會像是漫畫的狀況。

「天啊！要死人了，快來救人啊！」我心裏這樣想著，嘴巴是震驚到完全說不出話來。

在我萬念具悲的情況下，一陣炮煙散去，濃煙中，『小前鋒』屹立不搖的站立著。當看到『小前鋒』被炮堆炸出來時，不僅全身衣服變黑，連臉也變黑，頭髮與眼睫毛也都被燒捲了，當時心痛的眼淚差點流出來，心想她怎麼可以這麼的無懼無畏啊？她還是小我十幾歲的女生啊，她是頭殼壞去嗎？

而就在我心緒百轉的同時，『後衛』也上前了。「五寶現，鮮血出」，看到『後衛』手起刀落，背部被自己劈到流血時，我只覺得這群人是瘋了？還是全身沒有痛覺神經？還是從不正常研究中心出來的？完全不把自己的身體當身體！

『小前鋒』與『後衛』，就這樣都把性命給交出去了，天啊，這是什麼情況？我的眼淚再也停留不住在眼框裏，任我再怎麼壓抑，眼淚還是不受控的流了出來。如果眼淚除了鹹味，還有其他味道可以形容的話，我想那味道會是「敬佩」！

『小前鋒』除了毛髮被燒捲外，剩下並無大礙，只有一隻前手臂受傷起水泡，沒被炸死。而『後衛』呢，背上傷口在，但怎麼會癒合的這麼快，這也太神了吧，都可以去拍電影了！

不曰：

當時的驚訝，到現在想起，還是心有餘悸，這是「非常人」才做得到的事。能讓他們這樣不顧性命的豁出去，我想這就是「堅信」！

我們當晚與在大陸的老頑童聯繫，才知道『小前鋒』手會受傷，在於恐懼。『小前鋒』說在跳進炮堆時，她的老師特地讓她睜開眼看景象，這一看，心裏就生出了害怕，所以原本張大要抵抗外力的能場，就在那一瞬間縮了一下，導致自身能場出現漏洞，所以手才會受傷。

金剛經：「須菩提言：如我解佛所說義，無有定法名阿耨多羅三藐三菩提，亦無有定法如來可說。」

進香一定要有這樣血流成河的表現嗎？我想是可要可不要！就如同金剛經所講「法無定法」，所以因應不同環境，就會有其適合的方式。所以進香，除了禮儀有相當的要求外，表現方式也會因空間與時間而有所不同。

原來我跟著一群瘋子在進香！但為何心中的悸動，久久無法退去，為何我的頭腦被那景象衝擊到當機？

踩了炮堆或是操了五寶就過關了嗎？事情可沒這麼簡單，前面只是小菜一碟，因為乩身還得要能進得了廟門，在裏面退駕才行。由於是考試，廟門會被該廟神明設下結界，乩身必須在廟門前，再次鼓足全力，才有可能突破結界，進入廟門，這是一連串的考試，乩身幾乎沒有喘息的空間。

這一仗對『後衛』來說很「硬斗」，因為『後衛』是在進香前一天，才加入的。在『後衛』操完五寶進廟門時，門前的階梯，『後衛』差點上不去，像是撞到隱形的牆壁，被彈了回去，還顛了好幾步才上得了，我當場也嚇一跳，以為『後衛』要翻車了。由於『後衛』進香前，並沒有做訓乩的訓練，所以自身能場無法做完整的循環，導致能量不足。就像你以前很會跑百米，但一段時間沒跑後，突然叫你跑，你也跑不出以前的成績，甚至可能還會因此受傷。

當天終點站，『後衛』背上被五寶劈的血流如注，有人開玩笑的說是因為我的緣故，但要懂台語的人才聽得懂！

「『後衛』流那麼多血，跟我有什麼關係？」

「因為你一直喊「好了、好了」！」

「我喊「好了」，是你們教的，不就是要『後衛』停的意思嗎？」

「是沒錯啊！但你喊太快了，「好了」變成「好」，感覺像是旁人看得很高興很過癮的在吶喊助陣，所以神明就劈得不亦樂乎，血就愈流愈多！」

我聽完前輩的解釋，我只能苦笑！

有起駕，當然就有退駕，那怎麼退駕呢？黃符貼在額頭上，就退了嗎？還是急急如律令念一念就好？那是電影情節才會出現的事！

『小前鋒』退駕，需要有三位女生在她後面接駕，那陣仗很嚇人，因為『小前鋒』退駕，往後彈跳力太強了，沒有三位女生接，根本就接不住，『小前鋒』就會跌在地上，那就真的很「落漆」！光為了接駕培養默契，在進香前，就要開始練習，總不能讓乩身在大庭廣眾之下，跌落在地上吧。

那『後衛』如何退駕呢？『後衛』彈力更是誇張，一個超過 180 公分的壯漢都抓不住，後面還需要有人再撐著才行，而且不只往後跳，還跳很高，像是裝了彈簧似的。不管是『小前鋒』還是『後衛』，退駕的力道，都不是平常的力量，那樣的爆發力，比吃奶的力量還驚人，真的不是「人」的。據一位師兄說，曾經有位A師兄身材魁梧高壯，接的是關聖帝君的駕，在一次進香退駕中，由於沒有人可以接下那退駕的爆發力，所以讓A師兄跌落在地上，讓A師兄痛苦不已，從此就抗拒上駕這件事。

小知識：文武駕退駕大不同

退駕的方式，每個能量場各有不同，但屬「武」的能量場，通常退駕力道較強，「文」的能量場則較靜態。「武」能量場，力道是走瞬間爆發力，但外顯無法長時間。而「文」能量場，力道較溫和，可以有較長時間的外顯作用。「文」「武」互補，沒有所謂的誰強誰弱。

由於九華殿的宮生都是所謂的乩身，所以除了幾位師兄姐知道一定會起駕外，臨時會有「誰」加入，誰也說不準。為了讓大家有心理準備，『誰理你』

在進香前建議我們可以擲筊問自己的老師，看祂們會不會來。我有問嗎？我當然有問！

「老師，你這次進香會來參加嗎？」，筊直落三。我很高興，也很害怕，我只有調過體，沒有訓乩過，我那會「起駕」？祢們不會又想玩我吧？我很弱，禁不起祢們小小的一玩，而且進香很多人在看，我表現不好，也有失祢們的「神面」。

兩天的進香，我有起過駕嗎？沒有！只有第一天「硬斗」的終點站，在大殿內準備接『後衛』退駕時，我突然有強烈的暈眩，差點站不住，幸好有位師兄扶住我，否則我就可能跌倒在地，到時可能又要寫下一創舉了，因為別人是退駕力道過大而摔倒，我是因為暈眩，而且還是沒上駕的狀態，這不是很「落漆」嗎！

不曰：

乩身，可以想像為載體，不是特殊能力或體質，其實每個人都可以接續到祂們，只在於你有沒有去「調頻」，所以九華殿的人才都會是乩身，而不是大家都是特異功能人士。

我的老師說要來，那為什麼我沒有起駕呢？因為我問的是老師會不會來「參加」進香，而不是問，我會不會「起駕」，祂，當然有來，只是在旁邊看，並沒有將能量引導至我的體內。在進香時，乩身體內的能量一定得到達某種比例以上，否則無法通過考驗。而我這個載體的載能還不足，所以祂無法將太多的能量灌到我的體內，否則我會受不了。我會感覺暈眩，就是已經接收祂的能量到臨界點的時候，再吸收下去，我就會爆了。

那進香到底是誰在進香？是人？是神？還是所謂的鬼？其實三個都是！進香可以說是一種三界互動的 party，一個三界同時到位的集合，神到，人到，鬼也到。為什麼鬼也會到呢?因為祂們因這場活動,有了可以尋求幫忙的契機,可以有機會將自身的負能場,淨化為正能場。而人,切確知道這個肉身到位,也就是配合這個人間界所謂的感觀認知,讓「眼耳鼻舌身意」都「真實」的參與活動,否則神鬼無所不在,空間與時間概念已不同,何必大張旗鼓的「行軍」,為的還是顧及這個「人」,才能達到三界的共識與共為。

人有工作,靈魂也會有祂的工作,在進香的過程中,靈魂會與自己相應的神明做訊號的溝通,有時會用一些方式知會肉體,有時不會,當然時間到了,肉體也一定會知道,就算自己仍然不知道,到時也會有各種讓你意想不到的方式讓你知道,搞不好也會突然收到 email 通知。所以大家也不用強求進香到廟裏一定要怎麼樣,或是要做什麼,除非事前就有特別交待,不然自然就好,不用刻意,否則要是看到別人東靈動一個西靈語一個,自己可是會因此錯亂。

人是容易被改變的,當看到大家都有所感應時,自己就不自覺的也會「要求」自己有反應，否則自己就是異類，就是「低等生」。我當時多麼羨慕那些人可以這麼有FU，有些人簡直像雷達，連到「鬼地方」都會有訊號可以接通，真不知道用的是那一家的系統基地台？但不管大家進香的目的如何，最後要問自己，自己是被迫逢場作戲，還是「真的」參與，這答案只有自己清楚。

小知識：打坐時的感應

定課（如打坐或念經）在此時就非常的重要，常看到一些人在進香時會大哭或是靈動，那是他們可能感受到了能量場，進而有所反應，但並不表示每個人都一定要會有那些反應，沒感覺就沒感覺，不用裝也不用學，有問題就擲筊問，不然看久了，自己也會裝神弄鬼。

我們常聽說到廟裏領兵馬，或是領旨令，這些又是什麼東西？領兵馬可以想像是冬令進補，但自己並不是吃掉祂們，而是與祂們共存共鳴，進而可以提升本身靈魂的能量。兵馬領的愈多，只表示要做的事困難度很高，或是耗能會很嚴重，並不代表自己就愈強，所以才常常聽到一些人常要去領兵馬，就如同電影講的－能力愈大，責任就愈大。

而旨與令，就如同於人間的公文，讓自己的靈魂知道要做什麼事，有個權職的依歸，否則各說各話，沒有說服力。就像職場上的昇遷，總得要有人事命令公布，否則名不正言不順，又沒執照，誰會聽呢？

「啊，我領到了令，我領到了兵馬！」那只能說，恭喜中獎，表示工作來了，準備幹活了！

別以為領到兵馬或是接到旨令就很了不起，好像自己是被選定的特殊人物，就如同之前所講，累世的工作還沒做完，所以自己就快做開工準備，別再混了！萬一自己還自鳴得意不肯幹活，只想招搖撞騙，除了兵馬與令會被收回外，小心這個人的肉身，會被萬靈「抗議」。試想領了福利，卻遲遲不做事，那可是會被舉發上訴啊。祂們的世界如果要舉發的話，動個念頭祂們就會收到，再經查證屬實的話，嘿嘿，不用像現在的社會還要訴訟那麼久，不到一秒祂們就會「搞定」！

小知識：能量場訊息傳遞的速度

能量場的世界，一念即到，不需有形的傳輸。當然祂們會收集相關數據來做判斷，當確定無誤時，「果」就現前了！

當下我也想過自己有沒有兵馬，但一想到自己是「擦地板」的小弟，連問都不敢問了，如果有的話，我的兵馬應該會無地自容，因為指揮官，老是在地板滾來滾去，連外面泊車小弟都比我威風。那我有沒有收到「旨」呢？我更是不敢想，想想我弱不禁風的樣子，萬一派我上戰場，那我豈不是第一個先掛！所以還是別自討苦吃，免得出身未捷身先死，讓我老師淚滿襟！

不曰：

領了旨，可以退回嗎？是可以的！當你不願意，或是現實生活，還沒有能力讓你可以執行命令，是可以跟賦予旨令的能量場討論的，並不會要你硬著頭皮做。祂們是會考量肉身的條件與意願，萬一鬧出人命，祂們可也是要負責的。所以要是你不想做或是還沒有能力做，記得勇敢說不，或是提出來討論，別怕「神」這個名號。但千萬別佔缺不做事，那可是會有很大的後遺症。

領到了兵馬，可記得一定要做一件事，那就是安兵馬，否則幾萬幾億個能量場跟著自己跑，千軍萬馬在奔騰，自己又不是在選總統，還要別人隨身護駕！而且當這麼多能量沒分配好，圍繞在身邊轉啊轉，也會把自己周遭的環境與人搞得不舒服，小心莫名其妙的變成被討厭的人物。

我們常聽到五營兵將，就是領到的兵馬要做五方的配置。五方，是指東西南北中這五方，不是新營下營柳後營林鳳營。東西南北中五營要各自分配多少兵馬，要自己擲筊與祂們確認，這可不是玩線上遊戲，可以自己說了算，小心兵馬最後找不到自己的家，而跑去保護張三李四的家，結果害自家被偷襲，那真的就是自作孽。

那中營是什麼呢？中營就是自己隨身的兵馬，會跟著自己到處跑的，只要一喊「護駕」，就會隨身保護，也就是自己的 bodyguard。

不曰：

通常兵馬數量的多寡，是以自己要做事的有關，但最後你會發現，世界上有這麼多人領兵馬，加總起來都比現在地球上的人口多上好幾倍，甚至有人可以一個人，就領超過目前人口數的量，所以「靈」絕不是單指「人」而已。

佛經說：「佛觀一缽水，八萬四千蟲。」。人只有占其中幾個個位數百分比，所以人別太自大，老以萬靈之主自稱。人這樣殘害地球上的生物，總有一天萬靈會不服起義推翻，到時就欲哭無淚了。

小常識—安兵馬

1. 先問出兵馬總數量。
2. 分別問出五營各自的兵馬數量。
3. 以住的地方為中心點，問出各營駐紮的距離。
4. 再問，若中營離開，要退守多少距離。
5. 請老師或廟裏的中尊做主，幫你調派兵馬。
6. 擲筊確認是否已經安五營完成。

第九章　拜託給我神通力

神通，很讓人著迷的能力，當初會到九華殿，除了鐵齒外，也想要有神通，來表示自己的與眾不同。

他心通、天眼通、天耳通⋯，這些能力的名詞，好炫眼，令人著迷，我是像蒙面俠的正義使者，祈求上天讓我有這些能力，我一定能保家衛國，懲罰壞人保護好人，所以我一定有資格得到神通的能力，這些是我當初的想法，好笑嗎？還蠻好笑的！依照電視劇情節所演，通常這樣的人，到最後都會變成反派，而且還是大反派，真有可能變蒙面使者，變成被人蒙面蓋布袋打腫的死者！

在進香的時候，看到有人在操五寶踩炮堆，除了很佩服他們外，其實自己心裏很害怕，但又會很想要那能力。人的慾望，就會讓你失去理智。沒錯，我就是那位失去理智的人。當時一直以為自己沒有神通，是因為自己不夠虔誠，會害怕痛，無法將自己全然的交付出去，所以才沒有被認可。我覺得這一切一定是考驗，現在一定是最後的隱藏關卡，我只要過關，就可以拿到寶了，祂們一定躲在暗處，在偷打分數跟觀察我，我不能漏氣。於是，在月黑風高的某一天，我鼓起誓死如歸的勇氣，自己走到老師的神像，跪在祂的面前，跟祂說我願意接受，祢來吧！結果現場鴉雀無聲，沒有電視中晴天霹靂的畫面，也沒有地動天搖的情景，有的只是像傻瓜的人，跪在那邊歇斯底里的祈求。

我很傻嗎？我確實很傻！因為那時我就像吵著要糖的小孩，只是我一直沒有要到糖，最後我也要到累了，想說或許自己是一個「神棄」者，一個被神拋棄的人，我，開始想放棄接觸祂們了。

就在踢到好幾次鐵板後，頓時對一切的學習覺得索然無趣，開始質疑祂們的存在，為什麼我這樣一個善良的好公民，得不到任何的眷顧呢？我真希望會像電影一樣，在萬念俱灰的狀況下，天空會打下一道雷在我身上，從此我就被賦於神奇的力量！但那樣的情節只會發生在電影裏，祂們才不會因此心軟就妥協。

我幾乎快把一生所有做過的好事，都一一上訴申冤，希望可以申請到「神通力」，可以有那麼一點點受到「疼愛」，但我的祈求還是不被受理，得到的是冷氣最高品質「靜悄悄」。當下我真的無語問蒼天，心裏在唱著方季惟的歌「怨蒼天變了心」。那畫面就像刺激一九九五的海報，只不過主角是逃獄成功在高興，而我是在雨中吶喊「蒼天不仁」，同樣畫面兩樣情，什麼時候換我開心大喊呢？就在我哀莫大於心死，毫無意識下擲筊時，『傑克』現身了，天啊，這真的是太神奇了！

我的眼前並沒有降下一朵蓮花，也沒有風火輪，我也沒被一片金光罩身，也沒被外星人抓走，更沒有起駕，那『傑克』到底現身在那裏呢？

祂現身在「筊」裏，沒錯，就是我丟在地上那兩個紅紅的小木頭裏，因為我擲出「站筊」！我下巴又掉了，這怎麼可能，我像獵狗一樣的趴在地上一直看著筊，看是否有小異物卡在筊旁，造成這「異像」，我頭貼在地上繞了一圈看，沒有，沒有，什麼異物都沒有，反而我用臉擦了地板一圈。是我眼花了嗎？我眼睛眨了好多下，我確定我沒眼花，眼前的站筊是真的！或許很多人覺得「站筊」是一個巧合，沒什麼了不起，多擲幾次就一定會出現，但請問，這個巧合的機率會有多高呢？就算用高精密的機器，與公式計算去擲，它真的會被擲得出來嗎？

當時我就硬生生的看了幾十秒，「站筊」依然是站在地板上，好像就是要我仔仔細細的看清楚。我稍微回神後，趕緊跑到樓上去求救，再下來時，「站筊」還是如如不動的矗立，好像擺明，就是要我別懷疑眼睛所看到的畫面！而我當下問什麼問題，我早已忘得一乾二淨了。我竟然擲出百難得一見的武林奇

「筊」，真想叫電視台出動 SNG 來連線採訪，這簡直比中樂透還爽！

那我有因「站筊」獲得神通嗎？哈，沒有！在某次老頑童升級為超級賽亞人時，我得到了「站筊」的答案。

雖然祂們知道我存有善心，但不是因為存有善意，就可以想要什麼，就有什麼，這跟威脅有什麼不同？但祂們又要滿足我想接近「神之領域」的心，所以就讓我擲出了「站筊」，讓我知道祂們一直都在，但不會因為我的祈求，而亂了祂們教導的方式。只可惜我沒因此練成擲「站筊」高手，不然可以去賣藝，還是上電視通告賺賺小錢！

小知識：善意真的是好的嗎？

存有善意是好事，但不代表任何人事物，都一定要配合你，這跟挾天子以令諸侯有何不同？如果自己沒有釐清分寸，恣意要求，是否到最後也會因執著「善意」，反而讓自己對別人一點也不「善意」呢？況且你的善意，別人一定要接受嗎？

擲到「站筊」，確實讓我樂了一陣子，可說如沐神恩。但人就是會貪心，因為之後的擲筊，都會特別去注意筊的動作，尤其在筊翻身時，會不由自主的要筊定住，只可惜一次也沒成功。光一個小小無傷大雅的「甜頭」，就可以讓我產生這樣的偏執心，那給了我想要的東西，那不就更貪心，我是否會一步步掉進慾望的黑洞裏而不自知？

什麼又是神通呢？說穿了，是自己靈魂的本能，當磁場夠清淨時，訊號就會接通，自己就會「特異功能」，也不需要被教。或許大家會問那為什麼自己不會？那就要問看看你自己，是否夠清淨了？不是每天有洗澡，還是整天吃齋念佛就叫清淨，而是要身心靈三位一體的清淨。打坐念經，都是讓自己磁場清淨的方式，但不管用什麼方式，都要持之以恆，因為人太容易被感染了，尤其情緒常會突襲自己的防線，磁場更容易因此受到影響，好不容易累積的經驗值，有可能情緒一發作，一次就噴光光，永遠升不了級。

不曰：

神足通、天眼通、天耳通、他心通、宿命通、漏盡通，號稱六神通。部分習修的人，會有些神通力，但有些神通力，其實已經有科技可以取代，比如天眼通與天耳通，現在就有衛星可以傳輸畫面與聲音。神足通，現在有飛機，可以快速的來回。但不管那一種神通，都是兩面刃，因為若「心」沒有修持，神通俱足，只會讓自己煩惱更足。所以以「佛」為起修的人，通常都不講神通，因為一旦有了，心就更容易亂了，心亂便無定時，「修」只是會變成一個騙人的糖衣名詞。

我曾經在九華殿觀察其他人，心想會不會他們都偷練，但大家都很忙，除了念經打坐外，剩下的時間睡覺都不夠了，那還有空偷練，還是他們練就了「睡夢羅漢拳」？

經，我念得不比人少，打坐，也沒少過別人，但我還是一樣沒看過神，也沒有獲得神通，那我在九華殿怎麼還待得住呢？因為超級賽亞人總是適時的出現，解決我的疑惑，祢們真的無所不在啊！

「為什麼我一點感覺也沒有？」

「你不是會靈動，也在幫你調體，怎說什麼感覺都沒有？」

「那不一樣！」

「有什麼不一樣？」

「我沒聽到聲音，沒辦法替祢們傳話！」

「這麼想當喇叭啊？那拿香插在頭上當天線，每天讓你廣播，24小時全年無休放送！」

「那不是我要的！」

「那你想要什麼？」

「我想像老頑童一樣，可以幫祢們做事！」

「這年頭還有人不怕死，想往火坑裏跳啊？想服務有的是機會，不用怕！」

「真的？」

「但先圓滿你自己再說！你別看這小子（老頑童）人前風光很威風，他剛開始是過得人不像人鬼不像鬼的生活。為了快速成長，每天辦事辦到沒時間吃飯，不然就是吃冷飯，手指腳指黑漆漆的，說他是從你老師那邊爬出來的，絕對有人相信，那是你要的生活嗎？」

「不是！」

「你以前念過經打過坐嗎？」

「沒有！」

「你以前有調體過嗎？」

「沒有！」

「你現在會打嗝了嗎？」

「會！」

「你看，事情是一步一步慢慢來的嘛！你以前都不會的東西，現在都在學了，你以前羨慕他們有感應會打嗝，你現在也會了，怎麼說你一點感覺都沒有呢？你到底想要什麼感覺啊？給你一巴掌嗎？」

「不是！」

「我們講真，雖然你很善良，但心態並沒有調整好，還太執著，給了你想要的，反而是害了你，不給你，才是對你好。如果你還是一直想要神通，只要一直想下去，到最後也是一定會通！」

「真的？」

「只是通到那不知道？但絕不會是通到我們這兒來！」

「那會通到那？」

「你猜猜啊？」

「阿飄？」

「哎呀，你通了！」

「這不一樣，通祂們，我會完蛋！」

「又不一樣？一樣是當喇叭啊，有什麼不一樣！」

「我怕會被祂們賣掉！」

「那你怎知我不會賣掉你！」

「祢是神，神不會害我！」

「誰說的，我偏要害你，怎樣！」

「師父，我沒有開玩笑！」

「我也沒開你玩笑！你們人真的很奇怪，有什麼事都來求我們，也沒問我們答不答應，就強迫中獎，一定要我們幫，我們也有選擇要與不要的權利。誰說神只要被求，就一定得幫忙啊？真是荒唐，我們也是有神格的！」

「那祢們會幫我嗎？」

「我們只幫想學習，想調整自己的人，而不是打著各種名號，無限上綱予取予求的人！」

「了解！」

「希望你真了解，很多事情是急不得的，如果你吵著要，我們就給你，那我們不就顯得太沒有智慧了！」

「是！」

「先跟自己的老師好好培養默契，當你夠穩定的時候，你就會了解訊號是怎麼來的，你就會知道自己接到那邊去。」

「是！」

「當你可以接收訊息時，也代表你可以收到其他地方來的訊號，如果不夠穩定，小心打錯線的電話啊！」

小知識：神通的迷思

生活不會因為有了神通就會更好，但卻會愈來愈容易被誘惑，開始上「癮」，而經不起一次的失敗。

第十章　去山東見大老闆

以前從小我就不敢去大陸，我對大陸有種莫名的恐懼，感覺去了很容易就回不來，或許新聞看太多，讓我對彼岸是敬謝不敏。更有朋友找我去大陸工作，薪水很不錯，但最後我還是因害怕而放棄。有一天在九華殿，聽說師姐想去山東找老頑童，心裏很羨慕，但卻因為對大陸有太大的不安全感，所以我沒有勇氣想跟去，但我卻突然聽到一個讓我全身細胞興奮起來的 key word：「這次我們會去東嶽泰山！」，頓時我眼睛亮了起來！

東嶽泰山，那不是我「老家」嗎？不知那生出來的勇氣，我馬上就跟師姐們報名當跟屁蟲了。山東行，我只知道我們約去一個星期還是十天左右，但其他天要幹嘛，我卻一點也不在乎，因為我只一股腦兒想去東嶽泰山「返鄉」看看。

那一次我們是從桃園飛到香港，再轉機到山東，而不是直飛。我在香港轉機時，後面突然有人喊聲借過，我回頭一個，竟然是我景仰的對象—張忠謀，他一點架子都沒有，是相當溫文的一個人，世界上能有幾個人，可以像我這樣近距離的接觸過他呢？還是這是在提醒我，回台灣後，可以去台積電上班，哈！

在飛機上，大家開始聊一些奇妙的經過，也分享彼此如何與自己相呼應的神明互動，說著說著，大家都想回自己的「老家」看看，感覺都到對岸了，就差那麼一點可以「回家」，所以師姐們很羨慕我可以「回家」，而且老頑童又住在東嶽泰山的所在地—山東，這真是一個千載難逢，大好的時機點，我可能上輩子，真的有燒到好香，所以才會這麼幸運。

到了山東的機場，老頑童來接我們，我不知為什麼，卻是一股勁的傻笑。

我認識老頑童時，他已經在大陸了，只不過現在是從上海搬到了山東。老頑童的家會是如何呢？會有風火輪還是混天綾嗎？

我本以為老頑童是住像三合院，那種古色古香的地方，旁邊有養雞養鴨，結果老頑童住的地方竟然是公寓，而且還是一個面湖的單位，可說是風光明媚，美景盡收眼底，真不愧是太子爺挑的好地方。老頑童住家內的東西，對我來說有點古怪與新奇，他竟然有古時候的鐵片盔甲，還有七劍下天山的「遊龍劍」，老頑童的收藏也真是奇特。

山東有一個景點叫「千佛寺」，那邊有很多佛像，尤其那邊的「千佛洞」，可說是「萬佛朝宗」。原來「千佛洞」是個人造隧道，很深，也沒什麼光線，但崁了很多佛像，隧道內一路上，卻有不少專櫃在賣相機底片，就是要賺你的觀光錢，但最讓我驚訝的是，竟然還有在出租大衣，這是什麼狀況，現在正是大太陽的七月，洞中雖然涼了點，但也不至於誇張要穿大衣吧？但事實上，愈往裏面走，真的會愈來愈冷，加上牆上一些受損的佛像，讓這一切更顯得詭異陰森，感覺好像到我老師家的大廳，老頑童怎麼會帶我們來這個地方呢？

隧道像是沒有盡頭，我是愈走愈納悶，覺得不太對勁。我轉頭看看老頑童，他很開心的走著，甚至還講解一些故事，老頑童沒有異狀，難道真的是我想太多嗎？終於我們走到「千佛洞」的盡頭，在那邊的專櫃買了香，稍微拜了一下，我不想多做停留，就準備想往回走，說也奇怪，大家往回走的速度好像變快，一下子就快到洞口了，難不成大家都跟我一樣，想儘快離開這裏？走出了洞口，真的是兩個世界，剛剛是冷的要死，外面卻是熱的要死，溫差竟然差這麼多，為什麼洞裏，感覺不到太陽光的幅射熱呢？這時我發現老頑童臉上有一絲的笑容，頓時我眉頭一皺，知道事情並不單純。

回到老頑童家，他就問我們在千佛洞有什麼感覺，除了冷之外，大家都覺得「千佛洞」很詭異，不像是「佛」所。有位師姐出洞後，臉色蒼白很不舒服，另一位師姐是感覺到「凍」，不是只有冷。而我，覺得冷之外，好像對幾個佛像特別有感覺。老頑童大笑幾聲後，終於公布答案，「千佛洞」並不是「佛」住的地方，裏面幾乎都是有待淨化的靈界眾生，有些還是被毀壞的佛像。換句話說，就是在佛像裏面的，都是所謂的修行靈，有些人把祂們稱之為阿飄。聽到這答案後，大家都嚇一跳，但老頑童卻很開心，像是捉弄了我們。原來這是一堂戶外教學課，是「眼見不一定為憑」。人，太容易被表像所迷惑，一說是「佛」就真的相信是「佛」，難道自己都沒有判斷力嗎？還是不敢得罪「佛」呢？

不曰：

見神就拜，好像快變成中國人的習慣，但你確定你拜的真的是所謂的「神」嗎？每個人其實都是有本能反應，當你對某個地方感覺不舒服時，表示身體的反應機制，已經在提醒你要注意，記得要有所警覺，觀察四周狀況，別被「表象」所迷惑。

金剛經說：「凡所有相，皆是虛妄，若見諸相非相，即見如來。」。神，其實是沒有形象的，我們看的「像」，都是人去創造的，今天你看到的菩薩是女相，你就造「女像」，明天他看到的菩薩是男相，他就造「男像」，神像就這樣來的，但祂們的本體卻是「無相」，這跟基督教唯一真神的理論，是一樣的，要我們不要被「像」所迷惑。東方神明這麼多，法門也多，這是給我們不同學習的方法，自己挑一個適合自己的法門用，我們要學習的是祂們的「精神」，而不是去學祂們的實體「樣式」。

而我為什麼看起來沒什麼事呢？我只能說我怕死，所以我才賺到了。因為還沒來山東前，我打坐的功課做得勤，所以已經有些「存款」，到了有負能的地方，身體就會啟動防護機制，加上我又是從地下來的，所以受的影響最小。聽完答案我是哭笑不得，那時勤打坐，是怕沒做功課會被老師修理，沒想到卻成為我的救命符，而自己不討喜的「地下出身」，又讓自己多了一層防毒軟體，我只能說，英雄不怕「出身低」，還是膽小點好，功課乖乖做，總有一天會派上用場。當然我不是無敵鐵金鋼，還是有受一些小傷，但稍微補一補就沒事了。

我們在山東停了約一天，老頑童突然收到太子爺的訊息，原來是我們這次到大陸的行程表。哇靠！祂們幫我們安排行程，這會是什麼樣的旅程呢？不會是猛鬼旅行團吧？一看到行程表，那幾天要去的地方，大家都傻眼了，我們在飛機上說的話，全部美夢成真，也就是說，跑完泰山，我們還要去普陀山、湄州島，我與師姐三人，都會回各自的「老家」，這是進香團吧？當然滿足了大家的願望，相對的我們每天的行程就會很趕，每天不是坐車就是坐飛機，否則這三個地方，天南地北的，怎可能短短幾天就跑完。但問題來了，當時我沒有工作，我沒有多餘的錢，所以我的錢並不夠我這樣四處飛來飛去，但此時老頑童卻開口了：

「這次不加冰的費用，太子爺會負責。」

不曰：

為何在千佛洞，我會對幾尊佛像特別有感覺呢？那是因為有些在那的能場，與我有一些機緣，或者曾打過交道，所以才會特別有感覺，但我這個「人」並不知道。那莫名的「感覺」相信很多人都有過，但卻又說不出任何的理由。「佛」真的為佛嗎？裏面住的又會是什麼？披著袈裟的．．．？

當行程揭曉完畢時，我本想私下跟老頑童商量，去完泰山，我在山東等大家回來就好，卻沒想到老頑童轉達太子爺的意思，要負擔我的費用，我心裏感動到在流淚，對我真的太好了。但一路上，全部的費用，其實都是兩位隨行的師姐所支付，是她們成就了我這次的山東行，所以我現在念經也會一同迴向給她們。

我們一路坐車到了泰山，當然我一路睡，這是多年來出外景養成的絕技，

一上車就可以睡。我們先到了「泰山第一行館」，還要收門票的，大家就先稍做休息，上廁所的上廁所，喝水的喝水。

老頑童熟門熟路的說：「通常要進泰山，一定會在這耽擱一會」！

我問：「為什麼？」

老頑童：「讓有事真要進泰山的人，心情穩定一下。也可以想像電視劇情節，古時候要進山，一定要有人通報，我們就像在等通報。所以到這邊，一定會出「事」耽擱一下，但「人」不一定會知道，因為安排的很自然。」

「原來還有這樣的不成文規定啊！」，我心想這也太遵循古禮了吧！

走出了泰山行館，是個T字路口，正對我們的路，是可以看到山，但我身體卻一直往左邊看，覺得那才是我們要去的方向，我迷惑了，不會我是旁門「左道」吧！老頑童要大家先用過午餐再上山，在吃飯的時候，我問了我奇怪的感覺，老頑童笑而不答，故作神祕，只說吃完飯就會知道了。

用完餐，我們回到那T字路口攔計程車，向司機說明要去泰山，沒想到車子開的路，就是我感覺到的方向，而且我一路上都隱約知道要往那邊去，『傑克』，這也太神奇了吧。一路上老頑童說當初會來泰山，是有要事特別前來，所以他是一步一腳印的爬階梯上泰山，累死他了，而我們這一次可輕鬆了，可以坐纜車上山。

不曰：

知道前往泰山的方向，老頑童說那是我靈魂的引導，雖然我「人」從沒來過，但「自己」會知道回家的路，就算把我丟在那邊不問路人，我一個人用走的，也會走往正確的方向！

上泰山，一路上會有許多小廟，也會有和尚或是道士在廟裏，那時我心想泰山果然是寶地，有這麼多的修行者在此處清修。老頑童像是看穿我的心思，跟大家說這裏的道士，甚至是剃了光頭的和尚，大部分都是來「上班」的，不是真的修行者，為的只是增加觀光收入，讓大家更有想像情境，時間到了，他們就會下班，一樣喝酒吃肉。這番事實的話，讓我開始對泰山有點幻想破滅，又是一個「眼見不一定為憑」的故事。

到了泰山頂，我更疑惑了，一點 FU 都沒有，連像在山下知道路的 FU 都沒有了，這太奇怪了，不是應該會很「感動」嗎？怎麼沒不自主的痛哭流涕呢？反而較像觀光客來旅遊，這跟我預期的完全不一樣！回到家，不是應該有人要出來迎接嗎？電視都這樣演的，我不會連回到家也都是「絕緣體」吧？難不成我像八點檔中的私生子，所以不能有人出來迎接，搞不好還要我走後門，才能進到家裏見自己的親生父母嗎？那我也太遜了吧？

我們到山上的時候，已經是傍晚接近晚上的時間，所以我們就趕緊先到旅館入住，而那旅館叫「神憩」，神明休憩的地方，這名字取的可真是威啊。我們總共訂了三間雙人房，我自己睡一間。晚上會有「人」來找我嗎？我還蠻期待的。

當天晚上我做了個夢，但我現在已經想不起來夢的內容了，但確定的是，一樣沒有人來迎接我！我們一大早就起床，想看看有沒有機會在泰山之巔看日出，只可惜天空不作美，我們沒看到，但一路上都是濃霧，可說是伸手不見五指，於是我們就再回旅館補眠，等霧散掉後再出來活動。

基本上同一個地方，是不會有兩個不同神的「帝」廟，但因為泰山原為青帝的所在地，且又為天子祭天的地方，所以在泰山的最頂端，才建了「玉皇頂」來祭天用，所以小小的泰山頂端，就有兩間帝廟的存在。我們先到「玉皇頂」參拜，在我闔上眼的瞬間，我彷彿感覺到我在雲中，好像真的處在天空中的宮殿裏，但那感覺只有一剎那，馬上就不見了。在「玉皇頂」有擲販在賣金鎖，據說只要許完願，將鎖掛在殿中的鐵欄竿上，那你的願望就會實現。於是我們也不免俗的買了金鎖，在鎖上面寫下願望與名字祈福。掛完鎖之後，就前往我此行的目的「青帝宮」。

老頑童說青帝其實就是東嶽大帝（道教地府的最高主宰），祂是我老師的上司，所以祂是我的大源頭，可別有眼不識「泰山」。要進青帝宮，必須走上一段階梯，而裏面建築物的配置，像是有城牆的三合院，紅磚牆，很復古。自從上了泰山後，我沒有任何強烈的感覺，連走進了與我淵源很深的青帝宮，一樣一點感覺都沒有，這是怎麼回事？老頑童建議我在大殿靜下心，稍微在這裏沉澱一下。

「我歷經千辛萬苦回到家了，總該「現身」讓我看一下吧？」，我心裏這麼想著，但，我還是一樣看不到，感覺不到任何東西。

沉澱完了自己，我的感覺還是一樣若有似無，一直擲不出聖筊，確認是否有訊息要給我，老頑童看我心急如焚想幫我，卻反被青帝「念」了一下。

「我（青帝）在教我的弟子，你插什麼手！要插手，就全部你來收。」，老頑童事後跟我轉述青帝唸他的話。真是難為了老頑童，我害他被唸了。

不曰：

原來那天晚上在「神憩」做的夢，是青帝要我了解自己是誰，要學會接受自己，雖然經過一段時間習修，接納了自己來自地下的事實，但心裏原先對閻羅王的不喜歡，還是有殘留在心底，脫離不了「著相」。

走出青帝宮，我才發現，我住的房間，隔一牆就是青帝宮了，這是奇妙的安排，還是單純巧合？因為老頑童從沒跟我講過青帝宮在那，我是當天要進青帝宮的時候才知道，而房間的配置又是大家隨機抽的！沒感覺又如何呢？

一切都自有安排，強求或是模仿，只會讓自己陷入別人的「流」裏，跳脫不出來，只能隨波逐流！

我們要離開泰山了，最後，還是一樣沒有人出來為我送行！但我有特別在泰山的某個觀景平台往下望，體會一下什麼叫「登泰山而小天下」。一眼望去無際的平原，泰山雖然不是最高的五嶽，但站在泰山，真有睥睨天下不可一世的感覺。

在泰山，賣得最好的紀念品是石敢當，每個攤販上的石頭，都刻著「泰山石敢當」，這些石頭真的全來自泰山嗎？經過眼見不一定為憑的故事洗禮，我是對這些石頭的出處，抱著懷疑的態度，雖然攤販一直保證，「正」泰山出品，但一點也引不起我的興趣。

結束了泰山之旅，我們前往上海，準備去普陀山。我對菩薩住所，只停留在紫竹林，而我會遇到菩薩嗎？

第十一章 百年修得同船渡

普陀山是屬於舟山群島，光想就覺得是一個世外桃園，感覺是玩線上遊戲，一進去就可以生命值全滿的地方！我們是搭飛機前去普陀山，好像班次只有早晚各一班，錯過了只能明天請早，但現在已經有跨海大橋可以連結了，不過到了機場那邊，還是得搭船才能進到普陀山中心。

搭飛機的人算多，機上竟然有一位和尚，當下是覺得很新奇，雖然法律也沒規定和尚不能搭飛機，但就覺得很妙。當然一上飛機，就發揮上機睡覺的功力，先睡再說。沒想到，我又做了一個夢。

在夢中，我看到一個紅色的圓門，而我是在門裏面，然後把門打開，望向門外。夢醒的時候，飛機已經開始準備降落了。

我們搭的是當天末班機，到普陀山機場已經晚了，渡輪剛開走，下一班大約要等三十至六十分鐘。機場外一片黑壓壓的，沒有麥當勞，也沒有肯德基，連泡沫紅茶店都沒有，這要怎麼殺時間呢？於是我們去碼頭晃晃，發現有漁民在開舢舨賺外快，於是我們開心的問去普陀山要多少錢，沒想到對方開了一個很誇張的價錢，如果我沒記錯，五個人，折合台幣約要 2500 元，這不是坑人嗎？於是我們氣呼呼的不想搭，寧願等下一班渡輪來，也不想讓他多賺。

就在我們轉身要離開時，後面竟然出現了在飛機上的和尚，他在旁邊有聽到我們的對話，他希望能早點回普陀山，所以願意跟我們分攤那 2500 元的費用。普陀山有個不成文規定，和尚可以免費搭順風船，但船家是不會單獨為和尚開船的。為了讓我們船資便宜一些，那位和尚願意出錢。老頑童聽了，想說給和尚方便，於是船錢我們就自行出資，不讓和尚出錢，讓大家可以早一點到對岸。雖然和尚客氣的想出錢，但老頑童笑著拒絕，反正相逢即是有緣。

搭上漁民的舢舨，我只有種感覺，我像是偷渡客，在一片漆黑的海裏，準備偷偷登陸彼岸，太像在拍電影了，而且你跟海平面貼得好近，就像你走在水面上的感覺，可惜沒有風衣或斗篷，不然應該有種風蕭蕭兮的感覺。旁邊群島的燈火，點點在黑夜中閃爍，真是美景，另有一番風味，要是搭公家渡輪，可能就沒這特殊享受吧，託和尚的福，讓我又比別人多一個難忘的經驗。

當老頑童在船上請師姐通知飯店，要他們派計程車來接我們時，一旁的和尚，問我們要去那間飯店，我們向他說明了住處。和尚說他有請朋友來接他，可以順道載我們，於是他拿起了科技品「大哥大」，通知對岸接船者，「車子」要開大一點來。這下子真的讓我們賺到了，因為，飯店派來的計程車收費，也是貴得嚇人，我們反而省了一筆交通費，又可以提早到住處。真的是助人者，人恆助之，菩薩真是保祐啊，果然是百年修得同船渡啊。

我們上了岸，沒想到和尚的朋友竟開了個小巴來，這真出乎我意料，我本以為會是農稼車之類的，我心想那和尚會是什麼來頭，怎會有這小巴呢，而且還保養得很新。答案終於揭曉，原來他竟然是普濟寺的頭頭之一，他剛代表普濟寺去內地開完會回來。普濟寺為普陀山中的幾個名廟之一，而普濟寺在那呢？就在我們住的飯店的後方，『傑克』祢真的太神奇了，助人助到送自己回家！

不曰：

助人除了為快樂之本外，助的也會是自己。乍看不經意的安排，卻讓我們一行人學到很多東西。如果我們沒幫助和尚，我們怎麼會有免費接泊車的優待呢？我們又怎能提早到飯店呢？這也是祂們安排的功課，端看我們如何選擇。你也可以當成一個巧合來看，但巧合發生時，你又會做出什麼決定？

佛常教人要種善因，才會有善果。但人通常就是想要先確定能得果，再來種因，這不就變成「住相布施」了嗎？金剛經：「是故須菩提，諸菩薩摩訶薩應如是生清淨心，不應住色生心，不應住聲香味觸法生心，應無所住而生其心。」

普陀山的晚上很涼，很舒服，會讓整個人放鬆了起來，雖然沒有煙霧飄渺，但卻有仙境般的清幽。我特別一個人從飯店裏走出來，享受這聖地的寧靜。我去店家買了幾顆桃子吃，很貴，但你已經不會計較太多，因為當下的氛圍，會讓你不想因計較，而失去那幽靜感，輕輕柔柔，像似被某種磁場給包圍住。我又再想，晚上菩薩會來找我嗎？

可惜的是，菩薩一樣沒有出現，但我卻是一覺好眠。

吃過早餐，我們一行人開始行程，首先就先到那和尚的「基地」－普濟寺。大陸的廟宇果然是觀光勝地，不管進那個門，那個洞，就是會收費。普陀山的廟，幾乎都是同樣的動線規劃，前面會有四大金剛，會有彌勒佛，最後才是菩薩或會該廟主祀神明，跟台灣的配置大不相同。我在人群中，想要找尋那和尚的身影，只可惜了無音訊，當下心中並沒有覺得這樣的想法不妥，但事後想想，我想找和尚，是想攀緣嗎？

到普陀山的人很多，也真的有習修者，我們就看到有人三步一跪，九步一叩的禮佛著，我也很服他，因為他膝蓋上的褲子，已經被磨破了，這恆心與毅力，著實令人佩服。

普陀山說大不大，說小也不小，但有些廟與廟之間，就必須搭交通車才可以到。我們即將去到普陀山另一名寺─法雨寺。初聽老頑童講法雨寺這名字，並沒有什麼想法，廟就廟，那有什麼大不同，頂多拜的神少見而已。

老頑童：「法雨寺，在頂上有九條龍，這是別的地方沒有的！」

我心想：「九條龍就九條龍，有何特殊，如果是水滸傳的九紋龍史進，我還比較有興趣點！」

我們一下了交通車，走了一段路，來到法雨寺門口，頓時我傻了，那紅色的圓門，不就是我在飛機上夢到的嗎？只差在我現在是從門外往裏面看，夢中的是門內往門外看，這又會是什麼樣的訊息嗎？我很困惑的問老頑童，但他不給我任何答案，只拿出兩個木頭，叫我自己去擲筊問！我本以為有神奇故事可聽，沒想到有種被潑冷水的感覺，於是筊拿者，自己一個人跪在菩薩面前慢慢問。

不曰：

自己問，是我們一貫的訓練，雖然當下會有些不滿，為何不直接說，要浪費力氣與時間去問，但自己學到問到就是自己的，何必透過他人！每個人都可以跟能量場溝通，透過別人的轉手訊息，除了有可能失真外，誰又會知道轉手的人會不會中途變質呢？沒有人比較特殊，也沒有特定的人才會，只看你願不願意去調整而學習。

很多人都被騙怕了，最後都想要知道所謂的「老師」，是否真的是正神正佛在教導，還是只是想斂財搞山頭？其實，這世界上沒有「人」，可以去認證是否他人接觸的能量場為「正神」。因為到最後還是「人」說的，那萬一「人」變質，那他說的話是否要打折扣呢？如「人」是向所謂的正神學習，那他的品格與德性一定會很好，因為那是做人的基本道理，千萬別用神通大不大、信眾多不多去判斷。

法雨寺九條龍很神奇嗎？不神奇，但卻很漂亮，九龍崁在頂上，往上看去，真的活靈活現。一般的菩薩廟，真的很少看到九龍同現，你最多看到菩薩騎龍在海中出現而已。記得老頑童說，法雨寺會有九龍，好像是有經過「特別的認證」，但有何特別，又是什麼認證呢，老頑童就沒多說了，他真是愛打啞謎啊！

我們是搭飛機到普陀山，但離開的時候卻是搭船，這船，可真是厲害，因為我快被晃到暈船了！不知怎麼搞的，我們搭船的時候，海浪特別大，旁邊的師姐，已經吐了快兩袋了，最後是在廁所就沒出來。而我是一直在祈禱，可以無風無浪到岸上，明明我在普陀山也沒做什麼壞事，為何回程要這麼折磨我呢？我往旁邊看老頑童，只見他悠哉的在睡覺，感覺這大風大浪，他好像司空見慣，只有我這土包子大驚小怪。菩薩，我會乖乖的，請把風浪調小一點好嗎！就在這吐與不吐之間，聽到有人說快靠岸了，我恍如聽到救星，快，船快靠岸，我快受不了了，拜託！

到了岸上，踏上了陸地，心中不知道有多麼的歡喜，老頑童神色自若，好像這一趟船旅風平浪靜，我與師姐則是臉色慘白，難道我與老頑童的經驗值差這麼多嗎？何時我也可以像老頑童一樣，可以升級為「超級賽亞人」，這樣我就不怕暈船了！

下一站，湄州島，但要搭船，一聽到船，我又想吐了，另一位師姐也叫了。這一趟被安排的旅程，到底是有多艱辛，難不成我們得像唐僧取經一樣，要歷足一百零八劫嗎?光想就頭皮發麻，但上了「神」船，沒辦法中途下船，我怕被雷劈，只好硬著頭皮，繼續往下走。

到了碼頭，身體雖然好很多，但一看到船，就會有不堪的心理反應，幸好老頑童指著對岸，是我眼睛看得到的陸地，頓時輕鬆了許多，還是媽祖對我們比較好!

到了湄州島，不管是建築，還是氣候，十足的像台灣，連吃的東西也是，如果不聽當地的口音，你會以為你到了台灣的某一靠海地區。到了媽祖廟，你真的是愈來愈熟悉了，這就是台灣嘛!廟的配置型式，跟台灣一樣，與普陀山大大的不相同，甚至你可以看到炮籠，完全是台灣化的「口味」!媽祖是台灣常見的信仰中心，所以很多廟宇都會來這進香，所以當地的環境才變得如此「台灣味」，講台語也會通喔!連當地的炒麵，都像台灣炒麵。

在師姐好好參拜一番，回「老家」洗禮後，天色也差不多快暗了，這時我心中有了大逆不道的想法，為什麼要回祖廟？如果當成是觀光旅行我可以接受，但神明不是來無影去無蹤嗎，任何廟宇都有祂們，為什麼還要特別到祖廟呢，之前沒有過的想法，突然間全跑了出來！這問題好像有點欺師滅祖的味道，但總覺得有些不對，但又不知道不對在那邊，這時我只能問老頑童了！

小知識：祖廟

祖廟，你可以把它想成是對某一能量場，收訊最好的基地台。回到祖廟，雜訊會變少，收訊最清楚。因為「人」這個身體，尚未調整完成，所以只好用這樣的方式，把你放到收訊最清楚的地方，來降低「人」的誤差值。

現在的說法，就是到手機收訊最好的地方，讓你不會斷訊，處處有wifi可以連線。

晚上在飯店聊天時，同行的一位師姐，有學過催眠，老頑童興奮的說想玩，於是我們就玩起了催眠，我也很好奇老頑童會被催出個什麼眠來呢？答案是，他看到了一片大風景，有很寧靜湖水，有漂亮的山，感覺像是遠古的環境。師姐說這是老頑童遠古的記憶，而我雖然也參加了催眠，但我其實沒進入狀況，所以也不知道自己在幹嘛！

照慣例，當晚我還是沒看到媽祖，我到底什麼時候才會看到祂們呢？

不曰：

催眠有點像在讀記憶卡，只是你不知道讀的是那一塊的記憶卡，所以常會時間不連續，訊息也是片斷的。

靈魂，其實是兩個部分，是靈加魂。靈是一種能量，魂是一種「識」。當靈要來投胎成人時，會設計自己此次的學習，所以會找適合的魂識，來當「人」

的功課。所以有人說天生脾氣不好，就是自己給自己設計要學好脾氣的功課。若聽到有好幾個人，都是某某人（比如慈禧太后）的轉世時，也不用覺得稀奇古怪，因為他們都給自己設下相同的功課，只是這個功課名叫「慈禧」，而不是慈禧這個「人」來轉世。

第十二章 大聖爺來了！

離開了湄州島，有關於海的行程，終於都走完了，剩下的都在陸地上，那就安全多了，只要能睡著，我就不會暈車，但如果在船上，那就準備暈船吧。雖然這幾天都有排了行程，但說真的，我都沒記要去那，反正跟著大家走準沒錯，我也不可能脫隊。當天我只記得下一個行程是要去溫州，但要幹嘛，天曉得，我只知道又要準備睡覺了，因為老頑童說坐車到下一個地方，要一兩個小時。雖然我練就了隨躺隨睡的絕技，但剛上車的我沒什麼睡意，此時我從行李裏，拿出尚未在大陸現世的寶物—哈利波特，來打發我坐車的時間。看著看著，我突然想睡了，我又做夢了。

我夢到一個水面，不是海，像河又像湖，一個很乾淨又舒服的水景，水面的兩邊有山，右邊山的山腰，有一個白色斜屋頂的建築物。

我們終於到了下塌的飯店，但卻聽到了惡耗：「我們並沒有訂房間」！

這怎麼可能呢？我們行程是一天一天順下來，怎麼可能會沒訂到房間。師姐拿出相關文件，想證明我們的確有訂房。

沒想到服務員卻說：「小姐，您訂的房間是明天的，不是今天！」

頓時換我們嚇傻了，我們提早一天到，那之前的行程是怎麼排的？不是一天一天都接得好好的嗎，負責相關行程的師姐，可是在出發前很細心的對了好幾次，怎麼可會多出一天來呢？還是我們經過時光隧道，穿越了時空？有好多的問號圍繞在我們身旁，難道我們被「玩」了嗎？我們趕緊請服務員，幫我們挪看看有沒有房間，但當周，當地辦了兩岸交流的活動，所以房間都滿了，難道那我們今晚就準備要露宿街頭了嗎？難不成睡公園是被「安排」的課程，這會是實境秀的戶外教學嗎？

就在我們手足無措時，服務員傳來令人振奮的消息，飯店臨時清出來三間房間，但在不同樓層，我們二話不說，馬上拿下那三間救命房間。『傑克』，祢不會拿我們在尋開心找樂子吧，還是在訓練我們心臟大小？

經過一番折騰，大家終於安頓好，只剩我、老頑童、一位師姐還有體力下樓吃飯，剩下的人全部掛點躺平。我跟大家聊我在公車上做的夢，師姐直接說我可能被昨晚的催眠所影響，所以才夢到類似老頑童在催眠時看到的景象。老頑童沒對我的夢做什麼回應，因為他正百思不得其解，怎麼會多一天出來呢？我們邊吃飯邊想這一天是怎麼多出來的，但三個臭皮匠，卻也想不出一個「諸葛亮」來。就在我們想破頭時，「司馬懿」出現了。

老頑童突然聽到一個聲音：「都到溫州了，還不來找我！」

不曰：

老頑童聽到的聲音，是名為大聖爺的能量場，大聖爺的祖廟就是在溫州。老頑童曾經到溫州特別要找大聖爺廟，但那次並沒有找到。原來這多出來的一天，是大聖爺安排的，不這麼「玩」一下，我們怎麼會服了大聖爺呢？

這是單純巧合嗎？試想，你要出去那麼多天的旅遊，確定了旅程中每個機位與房間，而且還對了很多遍，如果漏掉一天，你會不知道嗎？這機率也太低了吧！最後我只能定義這次事件為「神遮眼」！

但大聖爺廟在那裏呢？我們三個人都不知道，又是一個解不開的謎，但能不找嗎？那可能會讓我們「神擋牆」，永遠走不出去溫州吧！大聖爺也太玩人了，連個線索都不給。老頑童趕緊跟櫃台要電話，想找台小巴，好明天可以載我們到處找，但沒想到大陸人真守時，超過晚上九點，電話都沒人接，這下可好，連交通工具都被斷線了，難道明天要我們全部的人，都坐「11」號公車嗎？

在我們吃完飯上樓閒聊時，老頑童化身為「超級賽亞人」，我們以為救星到了，沒想到確沒有任何線索給我們。祂們要我們相信祂們的善意安排，只要一直問路，就一定會找到，端看我們堅不堅信，有沒有堅持到最後。

老頑童變回正常人後，我們以為他變身時，有偷接線探聽到消息，但我們失望了，他沒有任何內線消息，但他卻很悠閒，反而是我們三個到大陸「回家」的人，急得像熱鍋上的螞蟻，老頑童，你太悠哉了吧！我曾想過，會不會是老頑童早知道答案，故意賣關子不說，但我猜錯了！因為像這樣沒頭沒尾的經驗，老頑童經歷過太多次了，每次都得到驗證，只要真信，就會有答案。只是這次「回家三人組」的我們，是真的堅信嗎？還是耍嘴皮子而已，我想這答案明天就知道了。就在我們還在手足無措的情緒中，老頑童跟我們約好明早起床的時間，要我們趕緊回房間休息，不用擔心太多，一切聽祂們的指引，自有安排！

我回到房間，心裏完全沒底，我真的相信祂們嗎？如果真的信，那為何又會如此不安呢？這感覺像是打麻將聽三個洞，卻一直都沒自摸的感覺，忐忑、納悶、想翻底牌！老頑童到大陸闖蕩這麼多年，我想應該真沒問題吧，不然現在他怎還可以活得好好的呢！

由於緊張，隔天在還沒到起床的時間，我早已打理妥當，準備迎接即將出現的旅程。但過了約定的時間，房間裏的電話沒有響起，我想說大家可能會耽擱個幾分鐘，我就繼續坐在沙發上等。十分鐘，十五分鐘，我再也忍不住了，打了內線到老頑童的房間，沒想到卻聽到剛睡醒的聲音。天啊！這怎麼可能，我們當中就屬老頑童最不容易出包，他這次竟然睡過頭，而且我們的車，還有目的地都還不知道在那的狀況下，我們一早就出狀況了，這會是不好的預兆嗎？

老頑童在房裏打了好幾通電話，終於找到一台小巴可以載我們了。老頑童到樓下跟我們會合時，他自己也覺得不可思議，因為在「有事」的狀況下，他是不會睡過頭的，所以他自己也覺得怪怪的！雖然怪，雖然奇，但老頑童還是一樣神色自若，好像一切都在掌握中，真不知他這莫名的自信，到底是從那來的？還是老頑童的心臟，已經被訓練的很大顆了？而老頑童訂的小巴，就在我們聊天中開到了。

不曰：

為了等待適合的連接點，有時祂們會故意設計一些狀況，讓「人」做什麼事都發揮不了作用，因為就是要你留在原點等待，你「動」了，就接不上了！昨晚打電話找不到人可以叫小巴，跟今早老頑童的睡過頭，就是為了讓我們可以聯絡到那小巴的司機，你也可以說這只是巧合，但這也太巧了，因為小巴司機竟然知道大聖爺廟在那，但只是知道大概方向，切確位置還要再找，而且司機還會在路上主動幫我們問路，而不是勸我們去觀光別的地方。

老頑童坐在前座與司機閒聊，才知道他與朋友合開車行，今天換到他出來跑車。由於老頑童已經有大陸口音了，當他知道我們是從台灣來的時候，很開心的說運氣好可以載到我們，還天南地北的聊起來。大陸人報路常說拐個彎或下個路口就到了，但這距離通常不是我們台灣人可以想像的，常是好幾公里的距離。所以我們就在路人好幾個「拐個彎就到」的指示下，風塵僕僕的往前進。

當不知道目的地，還要一直問路的情況下，人其實心裏是會很煩躁的，感覺無邊無際，不知要到那時才會有個落實的答案，所以車上的氣氛，慢慢開始悶了起來，最後只剩下老頑童與司機的聊天聲。就在此時，車子突然停下來了，而且十幾分鐘都沒動，原來這條道路在施工，所以只能維持單線通車，這下可好了，氣氛又更糟了，我看大家臉色都不好，但老頑童卻像是在另一個世界，繼續聊他的天，我只能看著大家苦笑，因為我也悶了，而且想睡也睡不著，彷彿就是要讓我承受這悶的壓力，不讓我有機會逃避。

我們開了一段路後，問了好幾個路人，都沒有人知道大聖爺廟怎麼走，難道我們走錯路了嗎？此時我也亂了，開始出餿主意，搬出曾經在網路上看到的文章，說大聖爺廟應該在那邊，是否該往另一個方向找找？但老頑童仍不為所動，相信之前有給方向的路人，要司機繼續往前開。此時車上氣氛應該到了最低點了，我心想說乾脆打道回府好了，因為我們真的有努力在找，找不到又不是我們的錯，何必浪費時間在這無意義的尋找呢？就在我一連串心裏OS後，我們開到了一個村莊，這下可好玩了，此路不通！原來這村莊有工程在進行，路暫時停止通行，我們只好被迫停在一旁，我心想今天怎麼會那麼不順啊，剛開始的單線通車，現在是路不通，果然一早就給我們的預兆，是要我們小心，唉！

有位師姐在車上看到，旁邊有人在賣水果，而且還有賣香蕉，想說既然一樣要等，那就乾脆下車去晃晃買買水果，帶個香蕉去拜拜大聖爺。於是我們就下車去買香蕉，順便問問老板知不知道大聖爺廟怎麼走！沒想到老板竟然知道方向，還說我們前進的方向沒有錯，要我們等到路通之後，繼續往前開，就會看到一條河，順著河走，會經過雙叉路，記得往左轉，就會到了！聽到這樣詳細的資訊，大家好像久旱逢甘霖，整個人都活過來了，剛剛在車上的煩躁氣氛，一下子全被掃光了，彷彿大聖爺廟就在眼前，一蹴可幾，我們像是準備好破解祂們設計的關卡。

車上的氣氛快樂了起來，大家邊吃水果邊聊天，也看著窗外，等待下一個路標—河的出現。車子順著路右轉，大家看到了河，開心了起來，除了是愈接近目的地的喜悅外，那河也真是漂亮，而且是黑色的。司機直說我們運氣很好，因為通常這條河是混濁的，今天突然河清，大家看到的黑，是河中的沙子，也算是難得一見的風景。但車子又往前開了一段後，我跟另一位師姐就叫了出來！

「這不是你在車上做夢的景象嗎？」

沒錯！漂亮的水景，旁邊還有兩座山，這跟我的夢境是一樣的，這怎麼可能？難道我夢中看到白色斜屋頂的房子，會是大聖爺廟嗎？這換我困惑了起來！想說老頑童會有答案，但他跟司機在聊天，沒注意到我滿是疑惑的表情。

路標不斷的出現，加上我夢裏的景象，大家可說是愈來愈緊張了，不知道大聖爺廟會是什麼樣的情況？就在既驚既奇的情緒下，我們開過了一個叉路口，頓時老頑童警覺的要車子調回頭，原來我們經過那雙叉路口了，我們應該要左轉，而不是順路一直往右開，於是我們掉頭往回走。

在雙叉路口附近，我們看到一棟建築物很多人聚集，原來那是當地計程車的匯集地，只是這裏的計程車是機車，而不是汽車。我們下車問大聖爺廟要怎麼走，沒想到竟然沒有一個人知道，照理說應該離這地點不遠才對啊？好不容易到達最後一個指示的地標，怎會沒有人知道大聖爺廟在那呢？高興的氣氛，頓時又跌到谷底！

「我知道大聖爺廟在那！」一個婦人從房子後面快步走了出來。
我們彷彿看到救星，這是第一次出現這麼有確定答案的人！

這位阿婆下山買菜，來到這轉運站，是想看看有沒有好心人，可以免費載她回山上，如果我們再晚個幾分鐘來，她可就會上山回家去了。我們開心的接阿婆上車，除了問大聖爺廟怎麼走之外，也問阿婆住在那，但這一問，我們像被雷打到一樣，在車上所有的人也都瞬間呆住了，阿婆竟然是大聖爺廟的現任住持，這怎麼可能，我們就這樣誤打誤撞的載到她！

在叉路記得要左轉，好像很簡單的指示，但也不是人人都能因為有這個提示，就可以開到山上找出大聖爺廟，因為路上都有草長進路裏來，根本快看不出是道路的樣子，而且有一個地方還要右轉，那轉彎的地方如果不是知道路的人，也看不出來有路可以轉彎，也就是說，就算我們可以自己從前面的雙叉路口左轉到這邊，也會因為茫茫野草覆蓋，而找不到往大聖爺廟的路。『傑克』，祢真的太神奇了，I 服了 YOU ！祢還安排一個關卡──「最後帶路人」，讓我們觸動了隱藏 NPC，如果沒接到她，那我們可以說是前功盡棄，功虧一簣，入寶山而空手回了！

隨著比人高的雜草，一一被車子排開，我的疑惑好像也慢慢被撥開，一看到大聖爺廟，我又呆了，白色的圍牆，斜屋頂的建築物，這真的是我夢到的景象！在菩陀山是過去夢，在來大聖爺廟前是未來的夢，我是瘋了嗎？『傑克』，祢到底在我腦裏做了什麼手腳？

大聖爺廟以前很風光，但卻日漸衰敗，荒廢到連當地人都忘了它的存在。大聖爺廟之前的住持往生了，現在只剩下幾個人，感覺她們像是死守住廟，令人不勝唏嘘！

大聖爺廟，平常已經很少人會來了，而且我們是從台灣來的，還不知道正確位置，竟然可以找到這邊，這太不可思議了，她們覺得這一切都是大聖爺安排好的，我們像是動物園的猴子一樣，一直被她們看著。大聖爺廟是一個很老的木造建築物，有些地方已經坍塌了，甚至還有漏水，但依我們現場看到她們擁有的資源，她們很難去修復。我們逛到大聖爺殿堂前，想說經過一番折騰，我們終於找到祢了，心中有一些得意。平常很少拍照的我，突然想拍下這考驗我們的大聖爺神像，於是我去擲筊詢問可不可以拍照，大聖爺竟然馬上給我蓋筊，這讓我不敢拍，因為我怕往後會遭到大聖爺的戲弄，這一路來見過祂的戲法，這可不能鬧著玩，否則我會像陀螺一樣，被玩到暈頭轉向，而且大聖爺又是太子爺的好朋友，我怕祂們要是聯手，我會被玩得更慘，一百條命都不夠祂們玩！

大聖爺廟不大，我們一行人參拜完後，自己逛自己的。廟裏菩薩前，還有古老的油燈，有位師姐逛到菩薩面前時，油燈突然自己燃燒了起來，讓她目瞪口呆。雖然我沒看到那油燈自燃，但我相信那是屬於她的機緣，就像我作夢一樣，是屬於我的造化，各有各的學習與提點！

不曰：

我們的出現，給了廟裏阿婆們希望，認為這是大聖爺給她們的顯化。我們這多出來的神奇一天，原來是不單單只是要找大聖爺廟而已，而是完成人們口中的「神蹟」。對我們而言，不懷疑，堅信到最後，就可以有答案。

對大聖爺廟的阿婆們而言，一群遠在對岸的台灣人，竟然可以找到這被遺忘的地方，這如果不是被祂們安排好的，怎又會如此的不可思議呢。一個故事，卻給足了兩群人信心，果然祢們的頭腦不是人，連做一件事都有多功的效益。

跟我們一路「參觀」的司機，其實是最驚訝的，因為他一路上除了知道我們真不曉得路外，過程所發生的轉接點故事，他卻一一親身經歷，加上我夢境的描述，他很納悶我們這一行人到底是什麼來歷，為何這麼的神奇，一路有奇蹟發生，好像我們都不怕找不到地方！而當他把香插在大聖爺前面的香爐時，香突然發爐，這可嚇得他退了好幾步，讓他在大聖爺廟時，都是驚魂未定的狀況！在我們回程時，司機還感慨的說，如果我們沒在叉路開過頭，絕對遇不到廟的住持帶路。我想他心裏應該想一個問題：「難道真的有神嗎？」

在我們離開大聖爺廟的時候，阿婆們全部出來送行，依依不捨，差點成為十八相送。我在門外看著整個大聖爺廟，心中百味雜陳，如果是梁朝偉，不知他會怎麼演我心中的感觸。我趁著空檔，想把廟的全景拍回去，沒想到就在我把手機拿起來拍時，不知那邊突然飄來了一片雲，把廟巧妙的遮住了。都在廟外面了，大聖爺還是不給拍，有那麼見不得人嗎？啊不是，有那麼害羞嗎？我只好收起手機，走上車，準備離開大聖爺廟，前往下一個目的地－上海。

第十三章 與神對話

這是我第一次到上海，除了知道上海灘外，我對上海幾乎一無所知，最多的印象，還是星爺的「上海灘賭聖」。而在上海，我們住在外灘附近，那是一棟老建物改建的，很有味道，往來的外國人也不少。

我們去拜訪上海的師兄姐，之前在 skype 上只聞其聲不見其人，他們也在上海成立一個習修的殿堂，彼此之間互相學習與提醒。

在聊天過程中，「超級賽亞人」又出現了！不可否認，每次「超級賽亞人」出現的時候，大家都特別的開心，雖然有時候會被修理得很慘。

不曰：

起駕，可以簡單的想像是能量場附著於人身，但因為能量太強密高太高，人的身體是無法承受很久的，所以通常「起駕」的狀態並不會太久，不然就是起所謂的三分駕五分駕，把能量降低，這樣人的身體才可以承受。

那為何老頑童變身的「超級賽亞人」狀態，可以好幾個小時，難道老頑童有過人之處？我們可以把老頑童傳音的狀態稱之為「喇叭」，因為老頑童只需要傳遞訊息，並不需要外顯什麼威力，所以就像一條傳聲線扣在老頑童身上，另一頭由能量場作業，這樣身體就可以有較長的時間使用「超級賽亞人」狀態，奇妙吧！

神佛到底有沒有來過我們這個世界呢？有人說有，不然怎麼有那麼多經典，況且各地還有神明降駕的案例！有人說沒有，因為沒找到過神佛在世的遺跡！其實兩者都對，但也不盡然全對。比如從沒去過美國的你，打電話跟美國的朋友聊天，請問，當下的你，有去到美國了嗎？你沒去，那朋友怎麼可以聽到你的聲音，甚至還可以透過螢幕看到你！神佛是否也是用類似的方式「來」到我們的世界，那祂到底有來還是沒來？

我心中有好多的問題，一下子全爆發出來，尤其我在旅程間所做的夢，太令人匪夷所思了，難道我被磁化，有特異功能了嗎？

首先「超級賽亞人」要我想想，我旅程中的做夢，都是在什麼樣的狀況下！

「想睡覺的時候！」

「那是什麼狀態，什麼樣的感覺？」

「就沒有知覺，沒特別想什麼，像是空白的光碟片！」

「那就對了！就是沒有個人意識的狀態下，你才能接收我們所傳遞的訊息，等於是雜訊最小的時候！你如果一直在「想」，這個「想」會形成一層膜，就會把外來的訊息隔絕掉，除非加強訊息的強度，否則很難突破那層「想」，因為那罩子是自身所產生的，只有自己能關掉。而在睡覺時，大部分的人會關掉「想」，所以訊息就容易進得來了！」

「那大家都有睡覺，為什麼只有我作夢呢？」

「因為你不相信自己可以接收訊息，不相信自己也能做到！不挑鐵齒的你，要挑誰？如果像你這樣自稱絕緣體的木頭，都可以接收訊息，那其他人是不是也一樣可以做得到，就沒有所謂特殊的人才會的功能，也沒有人比較特別，這是否為神通？非也，而是你（靈魂）本身就具備這能力，回歸原本的你（靈魂）叫奇特嗎？」

「那叫『原本』就會的事情！」

「是的！因為你一直用眼界，也就是我們所說的色界，就是肉身的思考，所以你當然看不懂這一切！如果你的靈魂真的為靈魂，這些功能叫大家都會，那叫靈魂與生俱來的能力！」

頓時我啞口無言，作夢也可以學到東西啊！那我要好好發揮這強項，天天睡覺作夢嗎？

「這次的旅程，每個人都有自己的機緣點，在普陀山讓你看到了過去，是要你了解自己，從何而來，又來做什麼？尋找大聖爺廟，讓你看到了未來，是要你自己去驗證，對自己收到的訊息更加的有信心，別看低自己。」

不曰：

人總是很矛盾的，想要，卻又不敢相信自己已經有，所以一直常常「外求」！

「那這神奇的一天是…？」

「是一堂學習，也是考驗，也是旅遊，看你自己要怎麼想！」

「找大聖爺廟的巧合是…？」

「是我們設計的，就要叫你們這個『人』，不要被眼界所限制住，這樣你根本看不到任何東西，只會陷在自己人為的判斷，走進死胡同！」

「可是我看不到，我不用眼前的事物判斷，那要怎麼做事？」

「當天晚上，不是跟你們說自有安排嗎？既然我們都安排好了，你怎麼可能會看到，肉眼看到的都是假象！」

「師父，祢愈說，我愈糊塗了！」

「這一切都是要降伏你這肉身，讓『他』知道不是一定眼見為憑，當『他』知道既有思考模式失效時，就會開始發現世界有另一套運作規則的存在。這樣『他』才願意學習，不讓『他』知道自己無能，怎麼可能會再重新學習，『他』是很自大的，總以為自己很厲害。目中無人，以為世界是依自己而運行，這是大錯特錯！」

「就像不到黃河心不死，只有死了，才知道是錯的！」

「你總算開竅了，雖然例子沒有舉得很好！」

「那如果當天我們沒有堅信的接受安排，會有什麼情況？」

「是另一種學習，找到與找不到，同樣都是學習！你看得到一小時後的事嗎？」

「看不到！」

「我看你連十分鐘後都不知道會發生什麼事！」

「對！」

「我們講，要完成一件事，得具備很多條件才能完成，我們做的就是組裝的事！我們知道什麼是對的人，什麼是對的時間點！為了要合理的在你們的世界裏發生，我們會設計你們說的『巧合』！我們知道你們要搭到那司機的車，才會找到大聖爺廟，所以就會讓你們『巧合』的找到他。比如這小子（老頑童）睡過頭，就是我們故意不叫醒他的，不然按照你們約定的時間點，你們可能會找到同一個車行，但卻是不同的人載你們，後面的故事也會不一樣！」

「師父，祢們也太忙了吧？要設計這麼多的『巧合』！」

「我們並不是吃飽沒事做，一切看機緣，沒因緣點，也巧合不出來，一切依你們自己的努力為優先，剩下的我們會看機會推一把。而不是你們都不努力，只會來求我們，這是不對的，本末倒置！」

「那途中所有的事件，也是巧合嗎？」

「是！也不是！倒不如說是考驗，可能會較貼切！我們會安排每個銜接點，但點跟點之間，總要有過程吧，你們以為你們是殭屍，只要跳跳跳，就可以到目的地嗎？想要吃飯，不可能到菜市場菜買了，回家菜就煮好了吧！誰煮，煮什麼樣的菜，這過程是你們自己要選擇的，這也就是你們說的自我意願的選擇。要是什麼都操之在我們手上，那你們就是傀儡，還自主個屁！」

「雖然祢們會有所安排，但我們卻可以選擇不接受，是嗎？」

「我們會尊重所有人的意願選擇，因為你們的生活是自己過，不是為我過，也不是幫我過！」

「我們的選擇，可以改變祢們安排的結果？」

「是！可大可小，但我們絕不會替你們做選擇，記住，生活是你們在過，不是我！」

我好像開始有點懂，這旅程的意義！

「在你們尋找的過程中，我們有設計很多情境，其中最大的恐懼，就是讓你們『未知』，你們沒有人知道大聖爺廟在那裏。甚至連這小子都沒找到還失敗過，所以未知的恐懼，會一直藏在你們的心中。途中的不順，是誘發你們的不安，看你們會不會打退堂鼓，沉不沉得住氣。差點沉不住氣，對吧？」

我點點頭。

「你們當然也可以中途放棄，我們也沒有拿刀架在你脖子上，也沒有讓你們立軍令狀，也沒說要懲罰你們！這一趟旅程，想要看到什麼，學到什麼，都是你們自己的選擇，我們只負責課程安排。」

「幸好我們沒有放棄！」

「那還不也是拜恐懼所賜，害怕沒找到大聖爺廟，會被大聖爺處罰，所以才因恐懼而不敢放棄。你看你們人真是矛盾，討厭恐懼，卻又因為恐懼而成功，真是水可載舟，亦可覆舟，無好無壞！」

「師父，祢們那大聖爺廟住持的安排，也太神奇了吧！」

「我說過，我們可以看到你們看不到的東西，我們知道她那時會在那邊出現，有這樣一個因緣點出現，再安排好時間點，機緣就出現了。當然，這是最後一關，端看你們前面所有選擇的加總，這樣才會觸發機緣，而不是我們『強迫中獎』。」

「所以單向封路，此路不通，都是故意的？」

「故意又如何？自然發生又如何？重點是你學到了什麼？」

不曰：

故意又如何？自然發生又如何？說了好像沒說，但其中意義深遠，如果一直就探究事件是不是被安排好，那將又陷入另一種迷信情境，每件事都要求神問卜，沒了自己。順著走，最好，重點是你從裏面學到了什麼！

「那大聖爺廟裏的人是…？」

「一群想看到『希望』的人！你們找到了大聖爺廟，進到廟門，遇見她們，也算是幫了大聖爺一個忙！」

「你們尋找大聖爺的過程，雖然只有短短幾個小時，但是已經走完整個人的一生，你們走的是追求智慧的道路。人遇到失敗會如何做？互相指責，責怪誰對誰錯嘛！但問題會因此而不存在嗎？都已經結『果』了不是嗎？真正有智慧的人，是當下會有清晰的頭腦，而不是被情緒所操控，找出出錯的癥結點，而不是浪費時間互相口水戰。要不是他（老頑童）是師兄，是師父的傳言人，我看你們早就在路上罵翻天了，就算讓你們找三年，你們都會找不到大聖爺，結果只會不歡而散。」

我心想，如果在職場上，大家早已經罵得不可開交，也會互相推諉責任，最後只會愈不爽。

「人生難道不會遇到『單行道』或『此路不通』嗎?那怎麼辦?就等嘛，硬上，只會出現意外，你們平常打屁聊天都浪費那麼多時間，多等這一會是會死嗎?還不是沉不住氣，為了爭那一口氣。人生只要你確認好方向，就努力的往前走。別人的經驗，只是給你當參考，你的成功與失敗不是他們說的算。你看一路上的路人，每個都說不知道廟在那，還說你們找錯，應該去找什麼大廟大寺。就連廟在頭頂咫尺之路上，叉路口的那些人，沒有一個知道廟在那，沒到過廟（成功）的人，當然給你的也會是錯的訊息，老是聽一些道聽塗說的東西，當然一定會失敗。不如老老實實把路走完，就算路真讓你走錯了，至少你已經知道這條路不可行，如果有人再說這走一條路，你就可以不用再浪費時間白走一遭。你們就是不想老老實實把路走完，老是想走捷徑，難怪失敗的多。」

不曰：

我們真的幫到大聖爺嗎?其實我們才更是被幫到，不是嗎?施比受更有福，福何來?自己給的!

第十四章　中元普渡交「贖金」

以前在老家，我是很喜歡普渡，為什麼呢？因為那一天村裏的人都會出現，在廟埕擺上供品，然後大人們在旁邊的樹蔭下聊天。那種純樸的感覺我很喜歡。我們這些小孩就在供桌間玩鬧，把供桌當掩體，在那邊穿梭完捉迷藏，當然我們也有失誤的時候，撞倒供桌、打翻供品，最後當然就被抓出來打一頓。被打雖然很痛，但我們還是照玩不誤。

普渡有時候也會請野台戲，當戲開台時，大家會往中間移動，想佔個好位置看戲，那我們小孩呢？嘿！我們拼命往戲台下鑽，因為戲台是用鋼架撐高的，我們會在下面鑽來鑽去，把戲台的鋼架當單槓來玩。但我們一聽到扮仙的音樂時，我們全部的小孩就會跑出來，因為等一下台上會撒糖果與餅乾，甚至還會有零錢，大家會搶成一團。

但我不喜歡現在的普渡，覺得已經沒有以前的味道了，感覺只剩舖張浪費，好像在比排場，在比誰的信眾多。那時看到大場面的普渡，心裏總是會想，我就是不拜，來抓我啊！沒想到第一次參加九華殿普渡，我就被抓到了（詳見五、誰是我的老師），而且還是『地下老大』親自出動抓的。

我以前就懷疑，中元普渡到底是人在過還是鬼在過？大家供品準備愈來愈多，金紙愈燒愈誇張，美金、手機、豪宅拼命燒，這些有用嗎？這是人的心理作祟吧，是人去設計『普渡商業模式』，再誘發『中元情境』，產生獲利模式？

不管是普渡還是一般的拜拜也好，有太多人為設計的情節在裏面，有人想以此炫耀地位財富、有人想以此作為與阿飄的交易、也有人以此想獲得心安。也或許這是前人在物質匱乏的時代，自己想吃好料所想出來的招式。但如何拜拜，要用什麼心拜，應該靜心好好想想，而不是一窩蜂的見廟就拜，見神就跪，見節就買。

不曰：

不管是那一種拜拜，心誠則靈，能負擔多少就做多少，千萬別打腫臉充胖子，最後肥的是別人的荷包，苦的是自己。

禮佛，也一樣，不是金雕玉琢才叫佛，佛無所不在，路邊的木頭石頭也住著佛，重要的是你的「心」有沒有佛，而不是比誰的佛大尊與殊勝！

記得第一次參加九華殿的普渡，是半信半疑下去做的，那天人真的很多，雖然已經有在九華殿打滾過幾天了，但有些人還是沒見過，不知道從那邊跑出來的。

老頑童等到普渡的時間到，就起壇進行法會，雖然我不知道他口中念的是什麼，但有種催眠的效用，讓我想睡覺，加上現場「香」霧遼繞，燻得我快睜不開眼，眼淚直流。就在我打算閉目休息時，我眼角瞄到一位師姐怪怪的，感覺像抽筋，又不像抽筋，開始有些POSE出來，我知道那是準備變身的前奏。

但當下我只覺得有必要這麼神神鬼鬼的嗎?我當時還不是很相信有神,所以懷疑她會不會是老頑童所安排的暗樁,故意來製造氣氛的!我再觀察其他人,好像只有一位會這樣,其餘的都安靜拿香拜拜,還有一直擦汗。

小知識:能量場的感應

當有大能場接近時,身體確實會被牽引,進而有一些動作出來,但並不一定是起駕,只是一種能量的呼應。法會可能會有多個能量場參與,各司其職,而在人群中可能有其對應數(人),所以會互相共鳴。

法會完後,大家都在談論剛剛有沒有什麼感覺?還是那尊大神大佛有沒有來?我就像剛進城市阿呆一樣,聽不懂他們在聊什麼,現場我只感覺想睡覺,難道是睡神來附在我身上嗎?那我就真的很有感覺,也起駕了!照理說,我是「地下組織」出身的,應該我最有感覺啊,怎麼我像沒電的搖控汽車,動也不

動。農曆七月，是我的專屬月份，應該給個 BONUS 吧，這樣誰會相信我是地下來的，說我是從植物園來的還差不多！但說真的，我很怕現場我老師有來，因為我怕會被帶走！至於祂有沒有來，這我就不知道了，因為我感覺不到，也不敢當場問。不過第一次的九華殿普渡，雖然沒有野台戲，人也沒像小時廟埕那麼多，但倒是有給我懷念的味道。

法會辦完了，剩下的麻煩也跟著來了！九華殿普渡沒有葷的供品，但光水果與餅乾就一大堆了。現場雖然有請大家多帶一些供品回去，但剩下的還是很多。所以普渡完後的那幾天，大家就拼命吃供品，還把過熟的水果打成果汁，弄得我們好像才是要被普渡的餓鬼道一樣！

除了供品外，現場有好多的紙錢，還請貨車特別來載，一群人光搬紙錢上車，就花了快一個小時多。我以為搬完紙錢就可以安心「運鏢」了，但，錯了！「鏢車」還要再開符，以免路上被「搶」！沒聽過運送紙錢，還需要保鏢的吧？

老頑童特地開了幾道符貼在車上，也找了幾位師兄姐「護鏢」，這樣才可以保證人車錢平安到達。據說，曾經有宮廟沒有「護鏢措施」，結果在運送途中就出了車禍，「鏢」就在中途被劫走了！

不曰：

由於紙錢是一種能量，那些所謂的阿飄，會被吸引過來搶能量，當負能聚愈多，在人的世界就有可能會發生意外，所以必須有相關措施，比如說能場結界，才可以避免慘事發生。

金銀箔都是屬於自然的礦物能量，藉由火，礦能可以被激發更強的能量出來，紙只是介質。

如果我們把阿飄叫負能，那麼祂們就是需要正能來淨化祂們自己，那這些正能要怎麼來呢？雞鴨牛魚肉，雖然也有能量，但殺了祂們來補阿飄的能量場，那豈不是拜愈多就要殺愈多，那要到那一天才可以補得完？又，這一條殺生補能的帳，又要算在誰身上？你？還是阿飄？

自然界有生生不息的能量物，而且純淨還是原生的力量，那就是種子。可以運用五色米、五色豆，來給阿飄補充正能，這樣才不會愈殺愈多，將普渡的意義本末倒置。

冤親債主，這個名詞大家應該都不陌生，普渡大部分不就為了這個，所以才搞得愈來愈大，深怕祂們一個不爽，自己就會倒大楣。在那一次普渡前，我們會問自己要準備幾份冤親債主的「贖金」，我記得那一次好像是問到七份「贖金」。

「七份，我怎麼會這麼多？」

「我都問到十三份還擲不到筊，你七份算少的了！你想成花七份贖金，可以一了百了，算划算了！」一位問到十幾份還擲不到筊的師兄對我講。

沒想到，旁邊的師姐接話了：「每年問都會不一樣，因為機緣點不同，來的也會不同，不是一次全部都可以來，就算可以，也怕你自己承受不了。」

「原來不是買斷啊？」我想說怎麼會有這麼好康的事！

那我就很好奇，老頑童會是幾份贖金呢？在我打聽下，老頑童的贖金竟然是零！

不曰：

在我認識老頑童時，他已經服務好幾年了，而且聽說是趕進度的在服務，可以說是 7-11，24 小時不打烊。人為什麼要習修，為什麼「債」可以還掉？除了用人間界欠債還錢的觀念外，「瘋和尚」也提了以下另一邏輯說法。

「如果我們把累劫累世當成一齣連續劇來看，你欠人家的，人家一定會來追討，但怎麼追？你每次長得又不一樣，也不一定都是人？妙了吧！連追討的人都要有技術，不然還會被你逃掉！習修，就是調整自己，修正自己，改善自己的缺點。如果人沒有調整自己，就算他每次轉世都長得不一樣，但習性還會是一樣，吝嗇的吝嗇，殘忍的殘忍，暴躁的暴躁！

祂們怎麼追？就靠你的習性去追！就算你是千面人，也一樣追得到，因為你沒有改嘛，祂們看的是你的習性，才不管你是阿貓阿狗，長得漂亮還是醜！那改掉習性會如何呢？祂們就找不到你了嘛！找不到，還追討得到嗎？」那改了就不用還嗎？當然還是要還，差別在於你「有」了再還，就比如說你欠銀行十萬，你希望銀行在你沒錢的時候叫你還，還是等到你有錢之後再叫你還？

「你們真的要好好思考，這只是一種比喻，但是其中的含義，要你們自己去體會，習修到底是為了誰？到底是對誰好？」

本來以為冤親債主在普渡時就處理完了，沒想到我還是被祂們抓到了，其中一次還是在第一次進香回程的時候，祂們厲害了吧！

在第一次進完香後，回到友宮化金銀紙時，身體就開始感覺不妙了！我突然心悸，而且胸還有一點悶痛，我本來以為是突發性的，過一會就會好，所以一直強忍著，但我錯了，這跟以前的經驗大大不一樣。當天坐遊覽車回九華殿時，大家還在車上開心唱歌，大概只有我一個人臉色發白不舒服，坐在椅子上大口喘氣，還一直覺得司機開錯路，不然怎麼還沒到九華殿。心裏一直吶喊誰來救我，但都沒有回應，難道我真的要掛了嗎？回到九華殿時，我再也忍不住了，趕緊跟『誰理你』講，她馬上幫我處理，當我喝完陰陽水時，心悸竟然好了，這也太神奇了吧，怎麼會這樣呢？

第二次被冤親債主堵到，是去宜蘭買香的時候，我的冤親債主真大膽，敢在我幫買「神菸」時堵我。這事怎麼發生的呢？至今我也覺得莫名其妙，怎麼兩次都在宜蘭！

我們買香的地方，隔壁有一間廟，但不是普通的廟，它是一間專門在供奉嬰靈的廟。那天買完香，不知怎麼就突然很想上廁所，賣香的老板就叫我去廟那邊上廁所，我就依照他說的方向走去，當時也沒有什麼特別感覺，上完廁所也馬上就離開了。但就在車子快開到雪隧時，我突然心悸了，那感覺就像進完香那一次的經驗，而且開始冒汗臉色發白，連開車的朋友都看得出來我有異狀。當下趕緊依之前老頑童教的方法，心中開始默念：

「如果祢們需要幫助，可以到位在某某地方的九華殿，請九華殿的神明幫忙，目前我沒有能力幫上祢們。」

說也奇怪，心悸稍微好一點了，但還是一樣胸悶不舒服，難道我的「靠山」不夠硬嗎？我老師可是閻王啊，竟然敢不買帳！我只能趕緊叫我朋友車開快一點，否則命又要去掉半條了。我一到九華殿，就趕緊上香稟告經過，香一插，心悸竟然，好了！

不曰：

為何有所謂的神明在，阿飄還敢出來，毫不畏懼呢？道教有一種說法「黑旗令」，那是經過認證可以追討的命令，就如同現在有人欠債，銀行可以合法討債。所以阿飄領著合法旗號，當然誰也擋不了祂侵門踏戶。

如果用能量的看法，可以假設我曾經剝奪或用其他方式，讓其他人失去能量或者死亡，那祂就有權利來取回被我剝奪的能量，以達到祂能場的平衡。

幸好進香遇到的負能場，並不是真的要向我討回什麼，而是想藉由這個機

會，可以跟大能場一起學習與淨化，以提升祂們的能量密度。當然我「有案在身」，所以老師們就幫我做協調，讓彼此都可以放下，好好學習。

買香遇到的負能，雖然祂們想要學習與淨化的目地一樣，當差別是在祂們並沒有「黑旗令」這個合法證書，只是我可能累劫累世跟祂們有過什麼機緣，所以才有這個碰撞點出現，才能與九華殿的能場做連結。

小撇步—去陰化煞

材料：

鹽（海鹽或粗鹽）、米、7片嫩葉、紅包袋、陰陽水（冷熱水）

方法：

1. 將適量的鹽、米、與7片嫩葉，裝進紅包袋。
2. 到附近的土地公廟，將紅包袋過爐。
3. 準備陰陽水，將紅包內的東西倒進水中，攪拌後用陰陽水洗澡。

註：若情況嚴重者，請專家處理。

第十五章 差點沒命的西藏行

我從來沒想過要去西藏，但事情就這樣發生了！因為，有一天我在打坐的時候，我看到了景象，有時我真懷疑，練到「睡夢羅漢拳」的是我，而不是蘇察哈爾燦！

在打坐中，我只看到一個畫面，滿滿綠色的植物中，中間有個顏色像深紅磚色的建築物，沒有聲音，就這樣一個畫面，然後我就醒來了，這畫面又是什麼意思呢？

我到九華殿擲筊，知道這是一個有訊息的畫面，但其他的資訊我就完全問不出來。於是我使出絕招，再擲筊問是否可以請教在大陸的老頑童，結果答案是可以的。為什麼我會這樣問呢？因為那一段時間老頑童在忙，不常上線，所以這樣擲筊問，表示最近可能有機會在線上遇到他，再不然祂們也會發個電報給老頑童，說有人在找他。

果真過沒幾天，老頑童在線上出現了，而我就差點因為晚到幾分鐘就與他錯過了，因為我下班的時間除了不固定外，還都很晚，差點失之交臂。

我向老頑童描述打坐中看到的畫面，他思考了一下，叫我到大殿去問看看，我看到的畫面，是不是西藏布達拉宮。西藏布達拉宮，對我來說是個好遠的地方，但跟我會有什麼關係呢？難不成我還在那邊當過喇嘛？我到了大殿擲筊，沒想到筊直落三，毫不拖泥帶水。

我趕緊向老頑童回報這個消息，他只淡淡的說有機會就去西藏一趟。誰會想去西藏啊？會得高山症啊！雖然我不清楚西藏跟我有什麼關係，但我也不可能一個人去，我也沒辦法請那麼多天假去，而且遠到我也沒興趣去。去西藏的事，應該要等來世再做了吧！所以西藏這件事，就一直被我拋在腦後，想也不會去想。

過了約莫一兩個月，大家在九華殿聊天，我一樣又是下班而晚到。大家有在想說暑假可以去大陸玩，討論還有去那邊可玩，是去西湖找瘋和尚，還是再去普陀山享受那幽靜，這時一位師姐說了一句話：

「老頑童好像要去西藏，我們可以一起跟著去嗎？」

頓時，我好像被電到，西藏，這個地方，不是早被我封殺了嗎？怎麼會在這時候被提起來呢？當初知道我打坐看到西藏的人沒有幾個，而今天現場沒有人知道那件事，這是怎麼一回事呢？

「你想去嗎？」師姐問我。

其實我腦中是有點亂的，因為怕這趟的旅費很貴我無法負擔，一方面公司又不一定能讓我請長假，但我嘴巴還是不自主的說出「我想去」三個字！

不曰：

我早已忘了西藏的事，但這次的感覺像之前去山東，聽到要去泰山一樣，又是一個吸住我的 KEY WORD！

於是我先請師姐確定好時間與費用後再跟我說，我是否能如願去成，還是未知數。我晚上想了很多事，除了最現實的錢外，我也很怕得高山症。而且第一次去到那麼高的地方，會不會掛點也不清楚。腦中跑出好多好多的擔心，就在我想反悔放棄的時候，心裏出現了一個聲音：

「這次不去，就真的等來世了！」

沒錯！有老頑童與大家的陪同，這麼好的時間點還會出現第二次嗎？我想這樣的機緣很難再促成，不把握這次，那就真的沒機會了，於是我下定決心，要去西藏一探究竟！

過了幾天，大家有與老頑童聯絡上，西藏之行，就這樣確定成行了！這次行程總共十天，我們搭火車，而且是軟臥的車廂，從北京搭到拉薩，單趟在火車上的時間約是三天，也就是說我們會有七十二小時，都在火車上度過。這次十天的費用，師姐找到便宜的搭配，還在我可以負擔的範圍內，但十天的假要如何解決呢？我再詳細看了一下出發與回來的時間，我笑了，因為我有解了！

不曰：

我本身是從事大眾傳播業，每星期需錄製節目，否則電視台會開天窗無法有內容播出。我看到時間表會笑的原因，是因為主持人剛好在那時間點附近要出國，所以請假一星期。換言之，只要我在還沒去西藏前，先做好相關準備工作，一回國就可以馬上錄影，無縫接軌。祢們也太會安排了吧，請假點都幫我算好了，連之前積的假，馬上都派上用場了！

於是我們趕緊辦了入藏證、護照、台胞證，一行人準備向西藏出發。這次西藏小組加上老頑童，共有八人，剛好是兩個四人式軟臥車廂。

我真的像鄉巴佬，沒見過像北京車站那麼大的車站，整個人都有點呆掉了。除了進車站有像機場的安檢外，車站裏面竟然還有電影院，簡直就像百貨公司。通道上滿滿的人，而且還有人躺在牆角睡覺，好像車站就是自己家一樣。出發當天還不是假日，可想而知在假日時，車站會是什麼樣的慘況。

北京車站可說是人聲鼎沸，人流似乎永遠都不會停下來，一群人出去，馬上就會一群人進來，而人來人往的喧囂，會讓人愈來愈不耐煩，所以我們幾個人有點失去了耐性，就因此被「修理」了。老頑童義正嚴詞的說：

「會提早到車站是有原因的，可以測試自己在這紊亂磁場的地方，自己是否能夠平穩，是否可以與自己的老師連上線，如果連最基本的平穩心境都做不到的話，那西藏就可以不用去了！」

頓時大家鴉雀無聲，也在為自己被環境引發的心浮氣躁而懊惱，幸好此時服務員送上我們的餐點，才化解了沉悶氣氛的尷尬。過了一會，時間也快到了，我們再次整理心情與行李，準備踏上西藏之路。

北京車站的月台真的很大也很長，我們找了一會才找到我們要搭的火車。由於八個人中，只有我與老頑童是男的，所以我跟老頑童與兩位師姐，在同一個車廂，另外四位師姐則是在離我們不遠處的車廂。

有臥鋪的車廂，就像在電影裏看到一樣，火車的走道是直接靠一邊，而不是像國內的車廂，走道在中間。軟臥除了床真的比較軟外，比硬臥還舒適，據說硬臥是六個人擠一間，光想就知道是沙丁魚擠法，感覺像是被關禁閉，幸好我們有訂到軟臥，否則這三天不知道要如何過，會不會每個人離開火車，全身都像殭屍一樣硬梆梆的。

「那要怎麼洗澡？」一位師姐問到。

由於車廂只有廁所，並沒有浴室，所以真要洗澡，你只能在廁所用濕紙巾擦拭身體，加上都在車廂裏，基本上是不會流什麼汗，也不會太髒。那想要吃飯怎麼辦？火車有一節車廂是餐車，可以到那邊去購買，不然就是一些特定時段，會有服務人員推車出來賣便當。車上還有熱開水，所以想泡泡麵，也是可以的。

但在火車上的這三天，時間要如何打發呢？這真的是一個大問題，四個人，關在一間房，看久了也會厭。幸好我有帶書，還可以利用時間看，但沒想到書還是撐不了多久，不是說書看完或是難看，而是整天都在一個空間裏，那是會讓人煩躁的，最後連書都會看不下去。

「我們來玩牌吧！」『哆啦妹』拿著撲克牌，從另一個車廂來找我們！

撲克牌就像我們的救星，可以讓我們分心，不去想整天在軟臥的不適。但玩了幾把後，由於『哆啦妹』老是輸，於是我們就開始想還有沒有其他玩法，結果我教大家玩「撲克麻將」，沒想到大家竟玩出興趣來了，還欲罷不能！那三天，我們每天玩「撲克麻將」，一玩都好幾個小時，這小小的樂子，可是像沙漠中的綠洲，解救了我們，連其他的師姐，也偶爾都會來插花玩牌打發時間。

除了玩牌外，吃，也很重要。在車上第一天清晨，推車竟然有賣白粥與饅頭，這讓吃素的我們如獲至寶。因為車上的伙食真的不太好，而且幾乎餐餐都一樣，飯也有時熟有時沒熟。幸好我們自己有帶一些重口味的食物還有泡麵，湊合混搭著吃還可以！在軟臥車廂裏吃了幾天後，我們終於出關了，我們八人就出車廂透透氣，到餐車用餐，除了換換心情外，還有一個原因，那就是我，因為我開始有高山症的症狀了！

由於海拔愈來愈高，所以大氣壓力也開始有了明顯的變化，我原本以為我體力最好，應該是我最沒有問題，沒想到我卻是八人中最慘的。那感覺像頭被緊箍咒綁著，一股壓力往腦中壓，說痛也不是痛，但卻比痛還令人難受。然後腦悶中還有腦漲，像是腦中所有可以發生的不舒適感，一下子全部都發生了，緊緊相隨，至死不渝。我一直想將頭推去撞牆壁，想用更大的痛，來緩解不適，但還是一樣沒辦法。想死卻死不了的感覺，是真的很痛苦的，要去西藏的人，真的要三思再三思。

我想說走一走，到餐車透氣可以好一點，但還是一樣，結果我飯勉強只能吃個幾口，就再也吃不下了。我走回軟臥後，坐在通道旁的椅子上望向外面，看看風景。天啊！火車竟然跑在山頂上，可說是一望無際的高，你就知道當時海拔的高度有多高了！外面的景色真的好漂亮，好壯觀，是從沒在網路上看過的奇景，頓時我忘了高山症的痛苦，沉醉在這美景之中，但那景色，讓我有莫名鄉愁的感覺。

不曰：

高山症的不適，是會一直跟著你的，除非身體可以在這段時間調整過來，否則吃什麼藥都沒用。在還沒到西藏前，我就已經先吃了約三個星期的紅景天，但還是一樣沒用。在火車上也買了特效濃縮液來喝，但還是一樣沒有效用。

當下我覺得我可能會死在火車上，真的快不行了，我幹嘛折騰自己，跑來這麼高的地方害自己。我一直躺在床上，希望能藉由睡覺，來忘掉痛苦，但愈睡愈睡不著，因為你幾乎整天都是在睡，最後變成躺也不是，坐也不是。其他人難道都沒事嗎？在高度愈來愈高之後，大家也開始有些症狀跑出來了，所以牌局也沒開打，大家都各自在軟臥痛苦中。我最後只能打坐，希望能藉調快生理循環，讓我的身體趕緊適應高山氣候。但沒想到一打坐下去變得更痛苦，因為那個痛苦的感覺，在打坐時會被放大，但我也無計可施，只剩這條路可以走了，天啊，誰來救救可憐的我。

在這充滿絕望的感覺中，我彷彿感覺來自腦中的壓力變小了，真的有人來救我了嗎？這時老頑童冒出了一句很科學的話：

「火車已經過了最高峰，高度現在已經往下降很多了，我們快到拉薩了！」

原來不是有神明聽到我的求救訊號來救我，而是因為高度已經往下降了，所以我才覺得腦中的壓力變小了，我還以為我求救成功。我還以為這邊夠高，跟祂們比較近，所以訊息傳遞的快，看來我真的想太多了。『哆啦』還開玩笑，說我老師在地下深處，我現在在這麼高的地方，我的呼救祂們聽不到，遠水救不了近火。

老頑童之前曾來過一次西藏，那次他們是搭飛機，他一出飛機門，就馬上感受到高山的大氣壓力，所以他就先去飯店。躺在床上好好休息，讓身體先適應西藏的環境，但他卻因為躺在床上休息，差點被嚇死。

「醫生，快救我，我快死了！」躺在床上的老頑童，聽到隔壁傳來的叫聲。

那叫聲的淒慘程度，據老頑童描述，像是從地獄爬出來的哀號聲。過沒幾秒鐘，隔壁傳來門被打開的聲音，然後像是有人急跑步突然跌在地上，然後哀號聲就不見了。原來是隔壁的房客衝出門外，不小心跌倒暈過去了。事後老頑童得知隔壁房客，因有生命危險，所以馬上坐飛機被送下山了。西藏，真的是一個不好混的地方，有可能是直的上來，橫躺著下去。

我們到了拉薩已經是晚上，但終於可以腳踏實地了，那感覺像是從高山地獄中解脫了。西藏的空氣真的很新鮮，雖然晚上有些涼意，但還是很舒服。由於拉薩海拔比較低一點，我真的也好了很多，但導遊還是很謹慎的提醒我們，別因身體不適有好轉就掉以輕心，而小看高山症，更提醒我們第一天晚上千萬別洗澡。否則本來沒事，可能會因此讓高山症發作，到時就得不償失了。而我這麼怕死，當然就謹遵導遊的教誨，不敢洗澡就準備去睡覺了。

第十六章 我在地上開了一個洞

第一天要早睡，除了要緩解不舒服外，還有一點，就是明天要起大早，那一個行程點，光一趟車就要花約四小時，就等同於從台北開車到台南一樣的距離。是什麼樣的地方，導遊會這樣幫我們安排，那個地方就是納木錯湖，是全世界最高的鹹水湖，而且還是當地居民的聖湖，也是一個世界著名的聖地。去西藏沒去納木錯湖，那就等於白來了。

那一天晚上，我跟老頑童是睡同一間房，本來我們想早睡，但不知怎麼，我跟老頑童就一直聊天到約晚上三點多。我們突然聊到明天要去的納木錯湖，那邊是西藏最高的地方，頓時我心裏開始有不舒服的感覺出現。一想到高山症，就讓我頭皮發麻，身體產生痛苦的反應。

老頑童臉色一變，說：「明天去，可能會有生命危險，快叫大家來開會！」

我第一次看到，老頑童出現這樣緊張的神色，明天真的是一場生死搏鬥嗎？

大家睡眼惺忪的來到我們的房間，老頑童將他的憂慮跟大家說明：

「明早要進納木錯湖，一定會上山，雖然是一路搭車，但會上到最高的地方。那高度，會比我們搭火車的高度還高，高山症一旦發作，會更不舒服，可能會有生命危險。」

此時大家的睡意，好像瞬間消失，感覺明天好像一去，就有可能會回不來，那「房客」的悽慘叫聲，好像在我的耳邊呼號，讓我吞了好幾口口水。

此時房間一片安靜，氣氛是有始以來最凝重的。

老頑童說：「納木錯湖我明天會去，但大家可以選擇去或是不去？」

我在心裏吶喊：「我不想去啊，有沒有人要舉手，快，我們一起在旅館等其他人回來就好！」，結果沒人舉手，只有面面相望。

「怎麼都沒有人舉手？」我心裏緊張的想著。

我想我真的是「俗辣仔」連自己都不敢舉手。

「大家都想清楚了嗎，都決定要去？」老頑童再一次確定。

「大家這麼不怕死？」我心想。

「好，那我們就決定明天一起上納木錯湖，大家再回去小睡一下！」

我看著手機，現在是凌晨五點多，離要出發的時間約只剩一個小時，大家真的回房後睡得著嗎？我想我應該睡不著，光回憶火車上的痛苦，就應該會讓我做惡夢了。

要去納木錯湖的車，提早幾分鐘到，意外的是，我們竟然也提早都準備好，沒有人遲到。導遊看到我們一個不漏準時的出現，還被我們嚇一跳，以為我們很興奮的要去納木錯湖，其實我想是大家聽完老頑童的話，回去再也睡不下吧，所以大家都提早到了。導遊，你真的太看得起我們了，我們不是你想像得那麼好。

單趟四個小時的車程，能幹嘛，還不就是睡覺，幸好大家昨天沒睡很飽，一上車幾乎都睡了。一路上的風景真的很漂亮也很有風味，在出城前，還可以看到類似像有黃土蓋成的房屋，一種很原始的庇護所。出了城鎮開上一段路，你可以看到綠色草原很綠，又很廣，會讓你的心胸大開。而那層層疊疊的山，有它獨特的俊「峭」，好像多了靈性一般。這所有自然美景帶給你的感受，絕不是看照片就可以得到的。一路上風光明媚，太陽像是來幫我們打氣，沿途灑落光輝，感覺我們的車就像開在金光大道上。

老頑童提醒我們，這邊很容易讓人中暑，高山上比平地涼，所以很多人就忘了做消暑防曬的動作，而因為在山上，更接近太陽，紫外線的傷害更甚於平地，所以很容易曬傷。再加上腰以下的部分感受到高山的涼意，但腰以上的部分感覺到熱氣，身體在這樣寒暑夾攻下，很容易失衡，所以特別容易中暑，對身體的生理調節，是一大考驗。聽老頑這樣的提醒，讓我突然想到神鵰俠侶中，小龍女的寒冰床，如果我在這冷熱夾攻下沒有事，是不是我的內力會因此而大增呢？

隨著高度愈來愈高，大家的話開始變少了，因為高山症開始發威了，我也開始頭悶了，但卻沒有那麼痛，難道是我適應了嗎？中途我們有停車休息吃飯，我看到那麼廣闊的景色，不知道為什麼，就有種衝動，想在大馬路上跑步。好像這樣做，就可以跟大自然合為一體。雖然身體沒有像在火車上那麼不適，但我還不敢拿自己的性命開玩笑，萬一跑到一半出事，那就真的換我被送下山了。

車開了一會，我的頭開始由悶變痛了，我知道現在高度一定比在火車上高，我也開始覺得有點吃不消了。此時導遊有點興奮的轉過頭來告訴我們：

「我們快到最高點了，那邊是全西藏最高的地方，再前面一點就是納木錯湖，那邊高度就比較低了！」。車上的人幾乎奄奄一息，高度，是我們當下最不想聽到的數字。

「我們到最高點『那根拉』了，海拔五千一百九十公尺」，我們稍微看了一下，又繼續躺著哀號。

我可以感受到車子在開下坡路段了，心情頓時輕鬆了起來，想說終於可以開始脫離這該死的高度。誰想走「下坡」呢？此時的我們都很想走「下坡」。但就在車子轉一個彎的時候，全車的人突然都出現了驚嘆聲。

「好美好漂亮啊！」這是我對納木錯湖的由心的讚嘆！

因為我再也想不到任何的形容詞，可以形容當時它的美與脫俗，真的就像神話劇一樣，你像是來到了仙境。

突然我聽到有人在哭，而我鼻頭也開始感覺酸酸的，為什麼我會突然想哭？但我告訴自己不能哭，而且並沒有發生什麼傷心的事，為什麼要哭。但最後我真的忍不住了，淚腺不受控，我也開始大哭了起來，除了眼淚一直流出來外，連鼻涕也流了出來，只能用痛哭流涕來形容。

不曰：

大家看到納木錯湖的那一瞬間，其實我們一行人都哭了，只是先後順序不同，那眼淚你是真的止不住，那心裏的感動一直湧出來，像要把你整個人給吞沒。老頑童說那是大家回到「家」的感動，大家都可能在這邊曾經生活過，所以心中的悸動特別深。而這也是「會靈」，是我要來西藏的原因。

會靈，可以想像插記憶卡，把殘缺的能量找回來，在東方有些習修的人會特別跑靈山會靈，就是想趁此把能量找回。

世界上有許多聖地，但納木錯湖可以說是其中最嚴苛的，你有可能就中途就會突然死亡。聖地會這麼嚴苛，除了帶有考驗來者的能耐之外，同時也希望藉由「地險」來維持能量的純淨。

而我們全車的人都哭了，其實也把我們自己洩底了，剛開始導遊以為我們只是普通的觀光客，但他也很有經驗，經過「聖湖」一測試，就知道我們有在習修，所以有些話就開始講得保守一點了。

我擦乾了眼淚，雖然沒有悲傷的感覺，但卻有一點點的愁悵，好像什麼東西不見了，而你卻想也想不起來。在到湖邊的車程裏，車上沒有人講話，好像時間就這樣靜止不動了。

過了一會，我們終於到了納木錯湖，但卻太令人失望。除了人多外，湖與周邊環境也變得很髒，湖邊還可以看到垃圾在水裏漂來漂去，那股從高點看到的揪心感動，在湖邊完全消失殆盡，落差很大。讓我一時難以接受，這怎會是我在「那根拉」看到讓我流淚不止的湖，這不是納木措湖，快還我仙境般的納木錯湖來。

不曰：

或許聖湖只可遠觀不可褻玩焉，那股神聖清淨的感動，似乎可以洗滌所有人的心靈。

雖然納木錯湖有比較低一些，但它還是比拉薩高，所以高山症持續在我體內發威。由於停車的地方，離湖邊還有一段距離，所以必須走路過去。老頑童告訴我們身體不適的人，可以騎馬過去湖邊，不用罣礙。聽到這一個說明，我們像遇到救星，趕緊付錢騎馬，準備往湖邊前進。

到了湖邊，我也快哭了，但不是因為看到湖的感動，而是看到氂牛而哭。湖邊有很多人拉著氂牛跟觀光客拍照，每看到氂牛被拉就叫的聲音，不禁讓我鼻酸，好像在哀號似的，或許那只是牠平常的叫聲。但在我聽來，還是覺得有股悲哀。我回頭看看載我們來的馬，真是太謝謝這些馬兒了。我在湖邊漫無目地發呆的走著，心想我真的曾在這邊生活過嗎？這太不可思議了吧！

藏人們喜歡念經，所以在周遭會有不同的念經方式，空中的「色旗」寫上經文，就可以讓風念經。溪邊的水車刻上經文，就可以讓水念經。連在走路的時候，手搖著鈴，也可以讓鈴念經。藏人們無時無刻，都被經文所包圍，也沉浸在其中。藏人很厲害，就算在這嚴苛的地形，他們還是會掛上他們的「色旗」，借風而飄揚，讓大家都可以分享他們的法喜。

清澈的天空，乾淨的空氣，消遙的白雲，大器的湖面，這樣的仙景，讓人心曠神怡，但我們與納木錯湖還是終須一別。而此時『哆啦』竟然在這湖邊，拍到像似菩薩蓮花座的白雲，讓我們好像如獲至寶般的高興。菩薩，這是祢們給我們離別的禮物嗎？謝謝祢了！

我們開車再次經過最高點「那根拉」，大家下車洩洪，沒想到一出車門，就感受到一股壓力從天而降，好像被一隻無形的腳踩著，壓得很難受。老頑童建議我們，等會可以去地標拍照留念，『誰理你』本想跟我們一起過去，但走沒幾步她就受不了，還吐了幾條午餐吃的黃金菇，所以『誰理你』只好放棄，回車上歇著。而等著要拍照的一群人又更厲害，一喊要拍了，大家臉上馬上擠出快樂的笑容，一拍完，大家恢復正常，一臉病懨懨，毫無生氣。而我一樣維持我的招牌，面無表情。

雖然回程高度是慢慢往下降，但那高山症的痛苦並沒有一點一點消失，反而我頭卻愈來愈痛，痛到我連看外面的美景都沒有感覺了。就在我覺得自己快死掉的時候，突然在窗外看到一個老伯，他騎著三輪車在賣西瓜，頓時我口水都流出來，想磕西瓜來解一下痛苦，但我們的車一下子就經過，我連喊的機會就沒有，西瓜就這樣不見了。

車上有人內急受不了，我們在中途停車休息，讓她好好去跟大自然做溝通。沒想到此時我看到救星了，那三輪車竟然從後面開過來，我大聲直喊我要吃西瓜，大家也跟著附和。等到老伯將三輪車開到時，我們衝上前去買西瓜，不顧形象，馬上就地吃了起來，那西瓜真是甜脆又多汁啊，我的生命值，好像開始有點在回升了。吃完西瓜，看著西瓜皮，我吃得可真乾淨，一點也沒有浪費，而我終於有一點元氣，可以去抵抗高山症了，西瓜，你救了我一命，老伯不會是祢們派來救我的使者吧？

隔天，終於沒有「爬高」的行程了，真是謝天謝地。導遊帶著我們去拉薩著名的景點逛逛，快接近中午時，我們才去我打坐看到的布達拉宮。布達拉宮真的很壯觀，尤其是由下往上看時，建築物展現出的氣度，會讓人為之景仰，肅然起敬，而且像是充滿生命力的建築。由於布達拉宮大部分是木建築，加上又是古蹟，為了安全起見，布達拉宮有進場的人數限制，超過規定的進場人數，服務員就會禁止遊客再進入，幸好我們一行八個可以一起進入，而不是被分成兩批。

我來布達拉宮要做什麼呢？老頑童在我出發前，只叫我擲筊問有沒有要帶什麼東西過來，所以我只帶幾顆問到的印章去西藏，要做什麼，我完全不知道，所以我是全程帶著印章到處跑。在布達拉宮的某個地方時，老頑童說我們可以自己去神像前許願，很靈的。於是大家就趕緊去許願，但我現在已經忘了我許什麼願了！就在我們要出布達拉宮時，『哆啦』開始頭漲與頭痛，我雖然也有，但沒像她那麼嚴重，『哆啦』頭痛到連走路都有點吃力。老頑童看了看『哆啦』，好像早知道會有這樣的狀況出現，他只問『哆啦』還可不可以走，剩下的就沒再多問。但我看『哆啦』可說是舉步為艱，那個頭的痛苦，應該只有我最清楚，所以我只好扶著『哆啦』，慢慢走出布達拉宮。

我們回到車上，準備去餐廳吃午餐，但『哆啦』的頭痛好像絲毫沒有減退。在我們下車走到餐廳的路上，聽說『哆啦』好像吐了，她還抱怨為什麼一旁的狗都沒事，還快樂的在街上搖尾巴。『哆啦』終於走到了餐廳，老頑童才跟她說，她剛剛吃了「大補丸」，所以現在身體受不了，還在調整，這是好事！

不曰：

『哆啦』在布達拉宮接收到大能量，但由於她這個載體還無法吸收，所以才會出現頭痛頭漲等不舒服的症狀。老頑童是可以幫『哆啦』處理，讓她可以好受一點，但這樣『哆啦』接到的能量，就會被老頑童吸收了，那『哆啦』不就白受罪了，反而會被老頑童賺到！

其實祂們是有經過精密的計算，會給『哆啦』可以承受的能量，也趁此機會撐大『哆啦』這個載體，所以算是先苦後甘。

到西藏，我的老師還有交待我一件事，就是找「法器」，但祂卻沒有跟我說法器長什麼樣子，又是一個無頭公案，讓我不知該從何找起，誰看過閻王的法器啊？難不成是拔舌器嗎？還是剖肚的手術刀？幸好我有擲筊問到，可以請老頑童幫忙，否則我又是一個捉瞎的狀況。我們在西藏的最後一天，導遊安排我們去逛市集買東西，我與老頑童剛好趁此機會，看會不會有傳說中的法器出世。我們走了好久，我沒看到什麼有感覺的法器，但降魔杵我是買很多，想說可以帶回台灣送給朋友。就在我們快走到市集底的時候，老頑童說他找到法器了。

那是一個像權杖又不像權杖，像杵又不像杵的東西，只有一個怪字可以形容，我將那怪東西拿在手上，但我沒什麼感覺，這真的是我老師要我找的法器嗎？我本要掏錢買了，但店家出了一個很貴的價格，我們跟她殺價，但店家一副不二價的模樣，老頑童就叫我別買，再去別的店家看看。就在我們走沒幾個攤子，那店家急忙跑來，說願意用我們剛開的價格賣我們，老頑童就叫我趕緊去買下，就是「它」了！當我買下那法器時，店家拿出另一把一模一樣的法器要跟我換，老頑童馬上拒絕店家，因為我們當初看的就是我手上的這一把，而不是另一把，雖然那一把看起來比較新一點！

不曰：

買法器，其實也需要緣份，緣份不聚足，你也買不到。老頑童之所以叫我別買，除了是價格太貴外，也想說別的攤位也許會有賣，順便測試那「法器」是否真的與我有緣份。所以當店家追過來說可以用便宜價格賣時，老頑童知道緣份到了，「法器」也在找人，甚至追著我跑，「它」就是我這次來西藏要買的法器。那為何老頑童要拒絕店家的交換呢？因為原先那一把是有能量的，是被用過有蓄能的，而不是一定要挑新挑漂亮的。

最後我們逛完街才發現，我要找的法器，全市場真的就只有那攤位有，多虧了老頑童雷達靈敏，真是千鈞一髮啊，差點錯失良機！

我們回到了飯店，大家拿出所買的東西出來獻寶，而我手上的法器，對它好像愈來愈有感覺。我身體自動用著怪異的手勢，一直在把玩著，好像我被「它」牽引著。老頑童請我先把法器給他一下，他要幫我將法器重新處理一下，雖然「它」不錯，但還是有些負能要先清掉，否則依我目前的狀況，是無法使用「它」的，反而會被「它」影響，這樣就不好了！老頑童處理完法器後，我好像更喜歡「它」了，雖然我不知道「它」叫什麼名字！我拿著法器繼續玩著，身體一樣被法器牽引著，似乎我與「它」愈來愈合了，此時老頑童卻傳來我意想不到的聲音：

「玩夠了吧！快關上，你知不知道你在房間裏的地板開了一個「洞」？」

「我在地上開了一個「洞」？」我驚訝的說著，大家更是訝異的看著我！

「我那有能力開「洞」啊？」我回答。

「你手上的東西就可以！」

我瞪著我手上的法器，一臉訝異「那我要怎麼把「洞」關掉？」

「用你的意念！」

不曰：

當時我真的不知道我在地上開了一個「地洞」，原來那「法器」是可以開地洞的，通往另一個空間。我回台灣後，問了老師，才知道那法器叫「閻王杵」！至今，我還沒看過一模一樣的法器！

我覺得我們的導遊，是一個很好的導遊，他很認真的告訴我們每個地方的故事與知識，但卻沒有要我們一直去特定的地方消費，賺取他可以得到的佣金。所以在我們要離開拉薩時，對導遊覺得有點依依不捨。他也是一個相當樸實的人，在他身上感受不到油裏油氣的味道，謝謝你在西藏一路用心的導覽。

西藏，再見了，我考慮以後還要不要再來，因為你的「考驗」太可怕了，哈！

在西藏，我總共「死了」三次，第一次是搭火車進西藏，第二次是上納木錯湖，第三次，當然就是出西藏了。由於不像進西藏還可以有時間適應，一搭火車高度馬上升高，我就開始進入「瀕死」狀態，大家好像也司空見慣，湊足牌腳，依然在車廂內打牌消磨時間。我一個人孤伶伶的坐在車道上的折椅，望著窗外的美景，看可不可以讓自己好過一點。此時有一位韓國女導遊走來，看到我這麼痛苦的坐在外面，用著英語跟我交談問我是否還好。交談幾句後，她說要幫我減輕痛苦，問我願不願意。

有人願意出手搭救，我當然求之不得，尤其在快死的時候。韓國女導遊要我把手伸出來，沒想到我手一伸，我就大叫了出來，因為她直接捏痛我的手指尖，像是滿清十大酷刑的逼供手法，我整個人像被痛電到一樣，全身都顫抖了起來。她說這是她帶這麼多西藏團，所學到的訣竅，等等我就會好一些。她還問我在那個軟臥，我指旁邊車廂，沒想到女導遊就進去車廂內，數落了老頑童他們一頓，女導遊說：

「你們的朋友在外面那麼痛苦的，你們竟然不關心他」，說完話，女導遊回她的車廂，老頑童他們則是一臉茫然。

女導遊從她的車廂拿出「管子」，要我躺在床上「插管」吸氧氣。唉！我真的是「遜腳」一個。

不曰：

韓國女導遊真的是一個很熱心的人，知道我是被高山症所苦，馬上幫我處理，果然是經驗十足，只是，我讓老頑童他們被罵了，因為他們也真的不知道該怎麼辦。火車中途有停站補給物品，那時我已經好很多。，我還特別前去跟韓國女導遊說聲謝謝。我很感謝一路上幫助我的貴人，讓我安然無恙的回到台灣。

人的因緣可以持續多久？又如何來？如何去？韓國女導遊，就這麼在我危險時出現幫忙，我雖然有留下她的 MSN，但沒想到過沒多久，MSN 的服務竟突然沒了，我與韓國女導遊也失去聯絡。生命中有些貴人，就這麼萍水相逢，卻又留下深刻的印象，這或許是佛經所說，緣起緣滅。

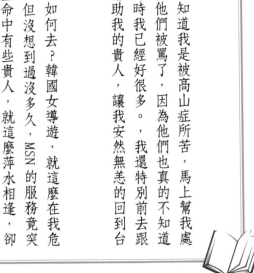

第十七章 九華殿宮主

火車終於開回到了平地，我開始又生龍活虎了起來，在火車上每次的牌局，我幾乎都有參與，而那從第一天玩到最後一天的撲克牌，可說是被我們捏的不成「牌形」，真是謝謝撲克牌解決了我們旅程發悶的危機。

『哆啦妹』，是『哆啦』的妹妹，她也可說是每場戰局都有參與，但常被我們其他三個人嚇，尤其在我們聽牌的時候，常會做許多動作來嚇唬她，甚至她玩輸我們，還會有些小情緒，果然年輕人終究還是年輕人！

不曰：

玩牌，也可以玩出學問與學習。誰都不想輸，但在輸的時候，你要如何調整情緒？西藏行的牌局，輸的人只有洗牌，沒有什麼懲罰，但「面子」就掛不

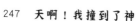

住了。『哆啦妹』年紀還小，雖然是無傷大雅的遊戲，我們三人不在意，但對於輸贏，『哆啦妹』還是會在意（其實每個人都會在意，只是在於輸贏什麼東西。），老頑童在最後一天，幫『哆啦妹』解謎，要她回想情緒來的時候，是不是玩得特別不順！

『哆啦妹』的學業，常須要在公開場合接受考試，而我們在玩牌時，常會有唬人的氣勢出現，要嚇嚇『哆啦妹』，這又可以讓她學習如何不怯場，訓練自己的膽量，如何穩定自己，不會被其他因素打亂自己的步調。

我們回到了北京，晚上老頑童又變身為「超級賽亞人」，跟我們聊聊這次大家對西藏行的感想。在聊到法器的時候，「超級賽亞人」要我從行李拿出一個較圓的降魔杵出來，雖然我覺得這個舉動，有點突兀，但我還是照做，把降魔杵找了出來。「超級賽亞人」二話不說，直接幫降魔杵開光。

「把這降魔杵，放在你家頂樓，放經書的地方，這樣可保你一家順遂！」

「謝謝師父！」我眼淚又快流出來了，我什麼也沒求，祂們就直接出手幫忙。

「舉手之勞而已！」

「師父，祢真的對我太好了，我不知道該怎麼報答祢！」

「我不用你報答，我存款夠多沒得花，如果你真要感恩於我們，就想想如何做一些有益眾生的事吧！」

「什麼事？」

「那就先吃素吧！我知道你常在外面跑不方便，只要先少吃肉就行了！」

「好，我從現在開始吃素！」，這就是我開始吃素的由來！

小知識：開光

常聽到有些平安符或是被開光過的物品，要每隔一段時間，拿去廟裏過爐，這是為什麼呢？開光，並沒有那麼神奇古怪，把它想

像成在物品（如項鍊）裏，開了一個空間可以外掛電池，但因為物品自身產生的能量，不夠每日的消耗，所以時間久了，物品一定會沒電，此時去過爐，就像是在充電的意思。

話說曾經在台灣，有一次與老頑童南下，由於剛好有空檔，就請老頑童到我家中坐坐，介紹老頑童與同修給我家人認識。我們吃著水果聊著天，聊到一半，老頑童突然要我帶他逛一下我家，當時我還很二百五的說家中就三個樓層，沒什麼好逛。老頑童又再一次提出要逛我家的要求，此時我看到旁邊師姐的眼神，我才突然會意過來，原來老頑童要看我家的風水，我真是受寵若驚，聽不懂老頑童的言下之意。老頑童有教了一些風水佈局的擺設，但因為我們家隔壁有廟，所以老頑童還建議，在頂樓放一些從隔壁廟請來的東西，如佛珠或是經典，這樣可以與廟呼應，干擾較小。而在北京被「超級賽亞人」開光的降魔杵，就是要放在這個地方。

不曰：

我的工作常在外地跑來跑去，吃素這件事對我來說其實難度頗高，但祂們要我別罣礙，只要不吃肉，就算和著肉的菜，也是可以吃，選對自己方便的方式就好，而不是要我當和尚。吃不吃素祂們也沒有強求我，健康也是我自己的不是嗎！

在某一次聊天，我拒絕老頑童看風水的舉動，被「超級賽亞人」拿出來講，竟然有人敢拒絕太子爺幫看風水，活得不耐煩了，我應該是頭一個，也是貨真價實的一個木頭。

「你接下任九華殿宮主！」聽完「超級賽亞人」的話，我嚇到有點呆滯，靠近嘴巴的茶杯也停在半空中！

「我…」我已經有點精神錯亂了！

「叫你接就接，我什麼我！」

「我不會，我怎麼接！」

「接了就會了！」

「師父，我⋯⋯！」

「就說我挺你當宮主了，還我。去前面擲筊，問太子爺是不是也挺你當宮主！」

我被這突如其來的決定，嚇到當機。

「叫你去擲筊就去擲筊，還坐在這裏！」

我戰戰兢兢的走到太子爺神像，還不時的往回看，但大家有如木雞，我得不到任何的援助。於是我只好拿起筊，跪在太子爺神像前擲筊，但我問了兩次都是笑筊。

「你就直接問太子爺挺不挺你當九華殿宮主，誰叫你繞圈圈問，你是欠我們揍是不是？」

於是我整理了一下心情，重新再問一次。

「太子爺，祢願意挺我當九華殿宮主嗎？」，筊直落三，太子爺挺我當宮主。

「明明很簡單的事就直接問，還要拐彎抹角的，真是白教你們了！」

「是！」其實我腦筋已經一片空白了，怎麼會這樣！

老頑童同時要師姐，打電話回台灣，告知九華殿宮主換人的消息！

不曰：

在廟裏到底誰可以說了算？九華殿是神制宮廟，任何事情都要擲筊確認，而不是人說的算，這跟一般宮廟的運作系統不一樣，所以不是你想當就可以當，就算去拉票也沒有用。如果「人」硬要當宮主會發生什麼事呢？那神就會跑光了，因為「宮主」不是祂們選的，因果「人」可要自負。九華殿開廟至今不久，但卻已經換了至少九任宮主，每位任期的時間都不同，這跟自己的學習與態度有關。

通常廟裏會有宮主、副宮主、執事，等三人。執事負責接收訊息，宮主擲

筊確認，副宮主去執行，這樣才各司其職，「人、神」事務各分開處理。

過了很久以後，我們才知道，原來這些當過宮主的人，都有在人生中，設計當「宮主」的故事來歷練，但現在宮廟已經太多了，所以就在九華殿當完宮主，讓自己一樣有學習到相關課程，而不用再去多開好幾間廟。

接宮主，這真的太晴天霹靂了，雖然祢們願意挺我，但做的人是我，又不是祢們，我好像接了個燙手山芋，這是天上掉下來的禮物嗎？還是老天開在我身上的玩笑？事後才想到，難怪會是我帶九華殿的印章上西藏，原來祂們早安排好了，只是沒有先洩題給我，還在一路上偷偷打我分數。

「將帥無令不行，去把神壇前，太子爺的那把藏刀拿來」，一位師姐去將藏刀請了過來。

「這是太子爺送你的，不用多想，做你自己就好了！」

我接過了藏刀，心想：「這下子沒有回頭路了！沒當好宮主，不會要我拿藏刀自盡吧？連工具都準備好了！」

那一夜，我已經忘了聊過什麼，為什麼每次發生在我身上的事，都這麼迅雷不及掩耳呢？

因為我還要回台灣上班，所以西藏一行人中，我最早回台灣，隔天我就搭一早的飛機回台灣。搭機一定會檢查行李，那時我已經恍惚，等到要檢查的時候，我才驚覺，我竟把太子爺送我的藏刀放在行李裏。這下子糗了，會不會被當危險份子扣留呢？我覺得當下我一定有冒汗，被扣留在大陸的念頭一直跑出來。但說也奇怪，我沒聽見警報器響，也沒看到公安來圍住我，行李竟然安全過關，這又是「傑克」玩的把戲，還是單純人為的疏失呢？

回到台灣，我除了工作也沒閒著，「宮主」這個職務，還需要被認證，於是我趁休息空檔，在九華殿擲筊確認要帶什麼東西南下認證。我將經擲筊確認過的幾顆印章帶著，就到台南的五間「公」廟（新營太子宮、大天后宮、祀典武廟、天壇、北極殿），一間間的去擲筊認證。那五間廟，不囉嗦，直接全都給了三個聖筊。太子爺的招牌，可真是夠硬啊！

不曰：

雖然九華殿祂們說的算，但也要公諸於世，所以我就到特定的幾間廟去接受考核與認證，也讓自己的「肉身」，更可以確切知道訊息是正確的。當然那五間廟，一定都得要有連續三個聖筊的認可才行。

每間廟的認證系統不盡相同，太子宮像新兵訓練中心，大天后宮如同行政院，祀典武廟像國防部，天壇像總統府，北極殿像軍火庫，各司其職，也呼應著人間行政系統。

很多廟，除了主祀神明不同外，其餘配祀神明都差不多，大都是耳熟能詳的幾位神明，那，神，一定要有廟住嗎？祂們不是無所不在，為什麼還要廟？為什麼廟一定要愈蓋愈大？那豈不浪費錢？不如將這些資源，幫助更多需要的人！

不曰：

能量場並不需要廟，需要廟的其實是人！廟是有形的，當人進到廟中，「身體」才會知道在廟裏了，你的五感也會如實的知道你「身」在廟裏，所以廟是給「人」用的。那為什麼有些能量場，會挑「地」來建廟呢？那是因為被挑選的地方，它對某個特定的能量場，收訊最清楚，為的也是讓「人」，可以好好收發訊息。其實祂們無所不在，只要一念即到，就端看自己的「身體」，有沒有辦法相信祂們真的到。

以前廟會蓋大，是因為想要服務更多的人，而不是能量場想要變大，所以才要擴大。廟蓋得再華麗，祂們也用不到，到最後還是「人」在用。

廟，真的都是神住的嗎？這問題在好久我就想問了，因為有些廟你進去，就是覺得怪，渾身不自在，就如同在山東千佛洞一樣。很多人都喜歡到廟裏找神問事，想藉由「神力」，來改變某些事情，如財運、感情、工作等等。我也曾經這樣想過，想請祂們護祐我發大財，但因為那時候我還不信，所以沒去廟裏求過，但等到我接觸後，更不敢這樣想，因為天下真的沒有白吃的午餐。

就因為人的貪心，讓許多「有心人」有機可趁，所以就多了很多社會新聞報導，被騙財騙色的事件也常時有所聞。貪，會讓你原本清楚的頭腦，變得神智不清，像被下了迷藥一樣，所以你就更容易被操弄，比如要你花多少錢，你要買什麼東西來坐陣，甚至還要做一些違反常理的事。但因為你太想要了，明明平常可以判別出來的事情，當下你想也不想，自己就會掉入陷阱中。有些人還更直接，說是你要花多少錢，神明才願意幫你的忙，不拿錢出來，神明就不幫你處理。

不曰：

錢，只在人的世界有用。在能量的世界，物質與金錢對祂們來說是沒有用的，祂們更不可能用「錢」來跟你做交換的行為，這都是人想出來的斂財方法。在廟裏會給香油錢，有時是因為「工本費」的支出，再者也是給那些服務的人生活費，畢竟服務者因要服務大眾，所以沒有工作，總不能讓他們餓死吧，那樣誰還敢出來服務呢？

廟，住的不一定是所謂「神」的能量場，它可能住的是另一個未到某種密度的能量場，有些人稱為修行靈，有些人稱為阿飄。祂們因為想增加能量密度，所以有可能也會透過「服務」來積累，但不一定是合乎常規的方式。

再者，人的能力有差別，所召喚入住神像內的能量場，也會隨之不同。

或許有人會問，一些「法事」的動作與儀式，是真的有用嗎？那我自己依樣畫葫蘆也會有用嗎？答案是不一定！因為大家驅動的能量不同，所以能做的事也會不同，再者，或許某些「法事」它有十個 SOP，但你只看到其中幾個，所以沒完成全部的 SOP，你依樣畫葫蘆也是一樣沒用。同理可證，專辦「法事」的人，是否真的有學到完整的 SOP 呢？

小撇步—招財樹

材料：

小發財樹（如有單枝選單枝）、五圓硬幣五枚、鹽（海鹽或粗鹽）、米、陰陽水（冷熱水）

方法：

1. 將鹽、米，倒入陰陽水中攪拌。
2. 在巳時（早上九點）把五枚五圓硬幣放進水中，並放於通風處，一直到過了未十時（下午三點）。

3. 把五枚硬幣依五芒星位置，放在小發財樹內（若盆栽不夠大，則放盆栽外）。

4. 把小發財樹放在房間的東南方。

過沒幾個月，我退位了，我也不知道是表現良好減少刑期，還是五犯畢業，又或者在我還沒引起眾怒鑄成大錯前，就趕緊將我先換掉，換另一位師兄接任，來服務大家。而在這期間我學到什麼呢？我只記得被祂們修理的一個故事，其餘我都忘了！

話說那一天老頑童變身為「超級賽亞人」，通過 skype 在跟大家上課，最後是個別指導。當時我心想沒事了，就到樓上大殿擲筊問事情。事情問到一半，就有人匆匆忙忙跑上來叫我，說「超級賽亞人」找我，我就急忙下去。沒想到一下去，就開始被破口大罵！

「你在幹嘛？」

「我在樓上擲筊！」

「你的宮生有問題在問，你竟然跑上去問自己的事，你真的有在關心他們的狀況與問題嗎？還是把問題都丟給我處理就好，你怎麼這麼自私啊！」一頓時，我啞口無言，無地自容！剎那間，我回想到，之前「超級賽亞人」，跟我上「感恩」的那一課，我想，我只有「聽」到，而沒有真的「做」到！

「修行修什麼？」

「修『神』的心！」

「修『神』的心的前奏，要修什麼？叫修『人』的心，『人』的心都修不好，怎麼修『神』的心。不像別人老再說『我先學神怎麼幹』，結果你連『人』都修不好，那你學那一門？」

「所以要先圓滿自己！」

「是的！怎麼產生愛啊？」

「自己有了才能給別人！」

「說得好！你曾經體會過愛，你才知道怎麼給人愛，是吧？」

「對！」

「那是不是在學一個奉獻，奉獻前製作業叫什麼？」

「嗯…？」

「先學會被別人愛，看看別人怎麼愛你，你才會以後知道怎麼愛別人！而在被愛的過程，你永遠有覺得上對下觀念，原因是為什麼？是因為永遠覺得自己能力不足，才會被別人照顧，對吧？」

「對！」

「永遠想要有自己能力足去照顧人家，可是你學不會被照顧，你怎麼會照顧人？中間有的只有人類中的一個語言，叫面子。那個臉皮擺不下嘛，我老是被你這樣照顧，我也想去照顧別人。可是在被人家愛的時候，你能不能真正感恩別人啊？你只在你被愛的過程，因為你不足，你不斷的修正自己，把不足補足。當有一日，你足夠，你也會回饋愛你的人，才叫真！永遠不是覺得，因為他們有，所以我分一點，這叫沒有感恩！中間又回歸到人類的老思想，因為我表現好，所以我有了，因為他甘願給我，所以我『不應該』還他。」

「了解！」

「真了解嗎？是不是一直在這迷思裏面？」

「嗯！」

「因為他老大嘛，對他好，就會給我嘛！你怎不知，人家是因為看到你的不足，像看到過去的自己，他願意把他在這道途上接收到幫忙的愛，他轉化成給你，那就傳承一份愛！」

「是！」

「沒修好叫什麼？我從別人身上謀取生活的資源，養活我自己，當我有能力的那一刻，我絕不會奉獻，我只會彰顯自己。當我拿到那一刻，我可能甩頭就走，因為我已經拿到我想要的。要學會愛的那一課，你必須先學會感恩。感恩你人生上曾經幫助過你的人，你才學會奉獻。當你具備這樣的心，你還會怕沒貴人嗎？別人為什麼會對你無私的奉獻，你有沒有想過？」

「沒有！」

「因為別人在你身上，都看見了迷失的自己，而別人不願意你迷失，而走到他們相同的道路，所以他們願意伸出手，讓你走向正確的道路。」

有人說我接觸神佛一段時間了，為什麼連個鬼影都看不到，也沒有撈到什麼好處，那在修個什麼屁東西？對，至今我還沒有看到神，但我有會在人生旅途上提點我的「老師」（神明），以及互相扶持的同修，而這就是我為什麼還可以一直走下去的原因！

故事到這邊結束了嗎？不，只走了一段，因為我還只在習修，學習怎麼修。也不知什麼原因，就開了這一個一直沒寫完故事，就這麼巧，剛好是七月十五，我的生日，或許時候到了，可以把以前的經驗跟大家分享，以前問我「過去」的朋友，或許可以在這故事中，找到答案。

小撇步—招桃花

材料：

圓瓶一個、百合花、紅線、自己的生辰八字（紅紙黑字寫下）、紅包袋

方法：

1. 在圓瓶中倒入水，與百合。
2. 將紅線綁在圓瓶或百合上。
3. 把圓瓶放在房間的西南方。
4. 將自己的生辰八字壓在圓瓶下3天。
5. 三天後，將生辰八字與紅線取下，放進紅包袋。
6. 將紅包袋放隨身的皮夾內。

後記

「眾生皆菩薩，未到成佛時！」

這是我在接受完一連串的打擊後，在某天的早上，在走路時，收到的一個訊息，經擲筊確認，是一個很老很老的『老母』所傳給我的，願大家共勉之。

如果你對於習修有興趣，有幾點經驗可以提供你參考：

東方西方定何方，
只有相對沒絕對，
一沙之中藏世界，
唯有低頭才能現。
瓊漿清水能自得，
萬法歸一始於心，
心與情字不濫用，
細細思量其中因。
精進持續非口說，

灑掃進退真見性，
進退起落需得宜，
雲月清風看誰取。

1. 選擇你自己喜歡的方式，不管是東方還是西方，選擇適合你的，不是「大品牌」就是好，不適合你的方式，只會讓你更痛苦而偏離。

2. 別以為有在習修就很了不起，得理更要饒人。也別以為自己是萬中選一，拿翹兼白眼，記住，高階靈（神明）有的是時間，最後看是誰耽誤誰。

3. 不管用什麼方式修，心不調整沒有用，千萬別以為修了就會賺大錢，頂多你會變成金融業小開（金紙融化業）。

4. 高階靈（神明），不是你的小弟，也沒有誰跟祂們比較熟。如果你找祂們，只是要祂們為你的決定「背書」，那麼你不用找了，你自己回家背書還比較快。

5. 可以方便，但別變成隨便。你可以說的一口好法，但更要去做，除非你是廣播器。

6. 走累了就休息，休息完，再繼續走，這條路是要走到目的地，而不是比誰走的速度快。

國家圖書館出版品預行編目 (CIP) 資料

天啊！我撞到了神：遇到閻羅王，我從編劇變宮主 / 不加冰著 . -- 初版 . -- 新北市：大喜文化，2015.08
面；　公分 . -- (喚起；11)
ISBN 978-986-91987-4-5(平裝)

1. 民間信仰 2. 文集

271.907　　104013802

天啊！我撞到了神：遇到閻羅王，我從編劇變宮主

作　　者　不加冰
編　　輯　蔡昇峰
發 行 人　梁崇明
出 版 者　大喜文化有限公司
登 記 證　行政院新聞局局版台省業字第 244 號
P.O.BOX　中和市郵政第 2-193 號信箱
發 行 處　23556 新北市中和區板南路 498 號 7 樓之 2
電　　話　(02) 2223-1391
傳 址 真　(02) 2223-1077
E-mail　joy131499@gmail.com
銀行匯款　銀行代號：050，帳號：002-120-348-27
　　　　　臺灣企銀，帳戶：大喜文化有限公司
劃撥帳號　5023-2915，帳戶：大喜文化有限公司
總經銷商　聯合發行股份有限公司
地　　址　231 新北市新店區寶橋路 235 巷 6 弄 6 號 2 樓
電　　話　(02) 2917-8022
傳　　真　(02) 2915-6275
初　　版　西元 2015 年 8 月
流 通 費　新台幣 280 元
網　　址　www.facebook.com/joy131499